河出文庫

森のうた

山本直純との藝大青春記

岩城宏之

河出書房新社

目次

森のうた

山本直純との
藝大青春記

prélude　前奏曲

昭和二十七年、ぼくは藝大のタイコの二年生だった。正確にいうと、東京藝術大学音楽学部器楽科打楽器の学生という、長たらしいことになる。

初夏になるころ、新しく入ってきた一年生どもが、最初はチンマリとおとなしかったのに、段々慣れてきて、我がもの顔にふるまうようになり、学内の汚い食堂がうるさくにぎやかになってくる。

食堂で、仲間の女の子たちとぼくは騒いでいた。

「ハンペンみたいなのが来るわ」

とぼくの隣の女の子がいった。

もう一人の作曲科のブスが、こいつと顔なじみらしく、

「オモシロイ男の子だから、紹介するわ」

と、そいつを呼び寄せた。

やたらに生っちろい顔色、という印象で、どちらかというと細面である。大昔には茶色だったみたいなベレーを頭に乗せ、無礼にも威勢よく、

「イヨーッ」

というのが、こいつの「はじめまして」のつもりらしかった。

もちろん田中角栄氏の「イヨーッ」はまだ世の中に知られていなかった。しかし、どうしてこんな土建屋みたいなのが藝術大学に入ってきたのだろうと、不思議な感じだった。

生っちろい顔色からは、土建屋のドの字も感じられないのだが、足は長くなく、むしろ大変に短いという印象だ。その反対に胴が長く、すり切れた緑のネクタイを結びそこないみたいに首につけている。手が出ないようなダブダブの上着を着て、食堂の隅からこちらへ走ってきた姿は、オランウータンを想像させた。

「オラン・ペンテグの復讐」という香山滋《かやましげる》さんの幻想小説の本を読んだせいだろうか。近くで見るとオランウータンのイメージは消え、生っちろいにしても日本人には違いなかった。

ぼくらの仲間全員に「イヨーッ」を何度も繰り返した。

靴はもと茶色風な口パックリの埃《ほこり》まみれで、これはそのころの我々がみんなそうだ

ったのだから、なんてことはない。

それよりも強烈な印象はズボンだった。ダブダブなのはともかくとして、せっかくベレー、上着、靴がもと茶色、ネクタイもグリーンで、そこまでは結構、統一をはかったらしいのが、ズボンだけが色鮮やかな現役バリバリの紺なのだ。

紹介したやつは、新しく入ってきたすごい才能の作曲科学生だ、といった。道理でいばっている、と思った。

藝大の音校、正確に書けばさっき書いた長たらしい名前の大学の音楽の学生の間には、何やら階級的というか、人種的というか、とにかく根強い差別が存在していた。

少数民族のくせに、他を睥睨《へいげい》して勢いのよいのが作曲科と指揮科の学生である。エリートづらで天才ぶり、そのくせ他人を怒鳴りつけたりする野蛮な方法ではないやり方でいばっているから、いやらしいのだ。彼ら同士かたまって、時々他の劣性民族を横目でチラと見ながら、せせら笑ったりする。

二番目の上流民族は、ピアノ科だ。そのころピアノなどは、かなり裕福な家にしかなかった。特に女の子が多いから、良家の子女風で、鼻もちならない。

次がバイオリンをはじめとする弦楽器科で、へたなくせにハイフェッツとかメニューヒン流に小道具を小脇に抱えて、闊歩《かっぽ》している。誠に憎たらしい。ここまでがいわば先進民族である。

あとはもう、被差別民族となる。

大多数は声楽科の男女である。本来、頭が空っぽでなくては、声が大きく響かないわけで、だから幸福なことに、第二級民族という、自覚がない。それに、学内で最も数が多く、民主主義、多数決の原理ではびこっているのだ。

他にも被圧迫民族の種類はいくつかあり、楽理科とか邦楽科のグループである。彼らの名誉のためにいっておくが、これらのことはすべて当時のわれわれ学生の間で思われていた雰囲気なのであり、邦楽科の学生たちはそれぞれの流派の家元の子女だったりして、学生であるうちから、すでにエラかったのである。

藝大の楽理科は、現在最も入学の難しい、やはりエライ科なのだ。

最後に登場するのが、ぼくたちのタイコ族、正確には管・打楽器科である。

管・打楽器科は数も少なく、当時の一学年百二十名ぐらいの中で、十二人しかいなかった。これは入学したときの人数で、ひと月で中退して米軍基地のバンドに入ってしまったラッパもいたし、三学期の初めにクビになったやつもいた。つまり、正式に残ったわが民族はたったの十人で、しかもタイコは管・打というように、順番からして管の次なのだから、タイコ屋は、下層中の下層、少数中の少数で年中差別を感じているような状態だった。少数だからといって、トキのように保護を受けたような覚えもない。

タイコ屋は合計二人だ。昭和四十七年に死んだドラマーの白木《しらき》秀雄《ひでお》とぼくだけだった。一年生になってすぐ、ブルーコーツのスタードラマーになった白木は、二年になると、中退してしまった。だから二年生のぼくは、ますますトキの心境だったのである。

最初から一人だけで入り、それ故に、学校中の憧れを一身に背負った感じの、雲の上の存在がいた。指揮科の学生だった。神々しくて、実にモテた。

これらの差別云々は、多分ぼくの一方的な判断で、やっと藝大のタイコ科にもぐりこめたこちらのヒガミだったのだろう。実際にはなかったのかもしれない。

いやいや、絶対にあった。ピアノ科の女の子とつきあおうとして、

「お父さまにタイコの人なんかと友達になっちゃいけないっていわれたのヨ」

なんて追っ払われたことが何度もある。

こういう民族事情があるものだから、オランウータン、顔ハンペンの作曲科の一年生に「イヨーッ」とやられて、わけもなくぼくは緊張で身体を堅くした。

紹介したのが「これが打楽器科の岩城、こっちが作曲科の山本」といった。

また、やつの「イヨーッ」が出た。

大声にびっくりしてキョトンとしていたら、急に普通の声になった。

「岩城サン、オレのことをナオズミっていってよ。ナオは不正直のジキ、ズミは不純

のジュンです」

というのだ。こちらが一応、一年上であるせいか、サンをつけたり、デスといったり、礼儀正しくやったのだろうか。しかし妙になれなれしくもあった。

これが山本直純との出会いだった。

étude　調子はずれの木琴

高校三年の二学期が終わったときの父兄会で、母は先生に、

「お子さんは東大には無理です」

といわれて、しょんぼり帰ってきた。

今なら進学指導の父兄面接というところだろうか。ぼくは別に驚かなかった。だが受験計画はそのままにしようと思った。

ぼくのいた高校は一貫教育で、小学校から大学まであり、落第の成績でもとらないかぎり、自分のところの大学にトコロテン式で行くことはできた。だが、なぜか、そこにだけは行きたくなかった。どこでもいい、よその大学に行こうと思ったのだ。

いちばん仲のよかった友だちが大秀才で、学校中が彼の東大入学を信じて疑わなかった。ぼくはこいつと同じ学校に行こうと思ったのである。ずっと一緒にいたかったた

だけなのだ。

東大なるものが、どんなに大きい学校か、なんて知らなかった。一クラスが三十人、一学年が二クラス、という小さな高校にいたからだ。そして無謀にも、東大の独文に行こうと決めていたのである。

そのころ、国公立大学は、一期校と二期校に分かれていて、受験日にずれがあった。だから万一(!?)東大に失敗した場合に備えて、ぼくは藝大の受験手続きをしておいた。つまり保険である。

いろいろな入学案内書を読んでいると、音楽大学の中で、もっと立派そうなのがあった。「国立音楽大学」である。ぼくはそれを「コクリツ」と読んだのだった。「藝大」は何か芸者の養成学校のような気がした。

保険のためには少しは掛け金がいる。ちょうど前の年から、藝大に打楽器科が新設され、どうせタイコなんてやさしいだろうと思い、この保険に加入したのだった。

ぼくが木琴をやりだしたのは九つのときである。

小学校に入学してすぐ、ぼくは東京から京都に、転校しなければならなかった。父は大蔵省専売局の役人で、これが初めての転任だった。ぼくは五番目の末っ子である。子供がみな、ひ弱く、ぼくが生まれる前に、男と女の二人の子を、亡くしていた。それで、父は転任を、全て断っていたのだった。末のぼくが一番丈夫だったので、京都行きを、ＯＫしたわけである。そのぼくでさえ、三ヵ月に一度は入院、というありさまだった。

小学四年の、いや、もう戦争の最中で、国民学校と名前が変わっていたが、三学期に東京の元の学校に戻った。

東京に帰ってからは、五、六年生の二年間に、計十ヵ月も病欠した。左のすねが骨《こつ》膜炎《まくえん》という病気になり、他の症状も併発したりで、さんざんな状態だった。

現在なら骨膜炎なんか、抗生物質で簡単に治るだろうし、最近はこんな病名を、とんと耳にしない。しかし当時は、湿布をして、じっと寝ているだけだった。空襲が多くなり、ずっと入院を続けるわけにもいかず、自宅に帰ったが、足が動かないように、ギプスをつけさせられた。湿布を続けていたから、かぶれてしまい、かゆくて、それは大変だった。

炎症が上に昇ってくるおそれがあるので、お医者さんは、膝《ひざ》から下を切断することを、決定した。体力の回復を待って手術する、と隣室で母が宣告されているのを耳にし、ふとんの中で仰向けになって、じっと天井を見つめていたのを、思い出す。

家の仏壇に、ぼくが大好きな観音さまがいた。その夜、夢の中で、観音さまのお告げがあった。朝鮮人参を焼酎《しょうちゅう》に浸し、そのエキスで湿布すれば治る、というのだ。家に、父の知人から送られてきた朝鮮人参が、沢山あった。焼酎が飲み物であることを、知らなかった。少年講談で、武士が刀傷を負ったときに、傷口を洗うものだ、と思っていた。

ぼくがしつこくせがむので、母はお医者さんに相談した。どうせ切断するのだから、好きなようにさせてやりなさい、ということで、観音さまの湿布を始めたのだった。

このちょっと前に、木琴の平岡養一《ひらおかよういち》さんが、アメリカから帰ってきた。戦争たけなわだったが、両国で抑留されていた外交官や民間人たちを、日米の病院船が太平洋の真ん中で落ち合い、交換したらしい。結構ノンキなことが、戦争中にあったものである。

平岡さんの初放送を聞いた。夢中になった。あの楽器が欲しい、と言い出した。それまでは退屈なので、電気機関車で遊んでいた。しょっちゅう脱線する。ふとんから這《は》い出《だ》して直す。足は悪化するばかりである。

腹ばいになって、木琴とやらをタタイていれば、少しは動きが減り、足のためにはいいだろう。父は小さいのを買ってきた。二オクターブ、半音なしのオモチャである。一日中、カタカタやっていた。

これが、音楽との出会いである。そのうちに、だんだんオモチャでは物足りなくなる。どうしても出ない音がある。ファとソの間や、そのほかにも、音があるはずだ。そういうのがついているのを買ってもらった。惑星の軌道のずれから計算して、未知の新惑星を発見したような、喜びだった。それから楽譜の存在を知る。暗号の解読に取り組んで、あきなかった。毎週の平岡養一さんの放送だけが、頼りである。誰にも教わらなかったし、また習うことなんか、絶対に不可能な状況だった。Ｂ29の編隊の来襲が、日に日に繁《しげ》くなった。

奇跡が起こった。三週間で、骨膜炎の症状が消えたのだ。観音さまのおかげだろうか、平岡さんのおかげだろうか。ぼくは、今もって全くの無宗教だが、ぼくの足が二本揃《そろ》っているのは、両方のおかげだ、と思っている。

高校のころには、放送局で時々独奏するほどの腕前になった。だから、タイコ科なんて軽いものさ、と合格を確信していた。こんな甘い考えの保険加入なのだからあきれてしまう。

母は藝大受験に大反対だった。受けるだけならいいじゃないか、本当に入れるかどうかわからないのだし、と説得したが、三日三晩泣かれた。理由は、もし入って音楽家なんかになったら、この子はいまに離婚するような人間になる、というのだ。

そうと決めたら高校三年の生活は、忙しくなった。

放課後は日が暮れるまで野球部の練習でしぼられた。一、二年のころは四番打者だったが、だんだん当たらなくなり、三年になったら下級生にファーストのポジションを奪われ、そのかわりというのか、主将の重責にあった。

野球部の練習が終わるとオーケストラの練習に駆けつけた。大学と一緒の学校だから、そこの音楽部のオーケストラのティンパニーを叩いていた。八時ぐらいに終わり、学校の近所で、大盛ラーメンを食べる。

それから新宿に行く。いまはもうなくなったが、「風月堂《ふうげつどう》」という有名なクラシック音楽喫茶があった。ここは後にヒッピーの溜まり場になったが、ぼくは毎晩ドボルザークの「新世界」を聴いていた。ウェイトレスのおねえちゃんが顔なじみになって、ぼくの顔を見ると「新世界」をかけてくれたのだった。

現在「新世界」を指揮するのを好まないが、多分あのころ聴きすぎたからだろう。

それから家に帰る。東大独文の受験生でもあるのだから、家にドイツ語の家庭教師が待っている。しかし、いつも先生は待たせておいて、まずは野球でかたくなった手をほぐすために、木琴のエチュード（練習曲）を三十分間やる。夜中になって、やっとドイツ語にとりかかるのだが、ドイツ語の先生は、カロッサを四ページ終わらないと帰ってくれないのだった。要するに、ぼくの東大受験勉強は、これをやっている夜の十二時から二時までに限られていた。

藝大の受験規則を読んでたまげた。

ピアノがある。コールユーブンゲンもある。新曲の初見《しょけん》歌唱もある。

ぼくの家にはピアノがなかった。東大入学必至の親友の家にはピアノがあり、三学期はほとんど毎晩彼の家でピアノをさらった。ぼくは一階、秀才は二階でそれぞれの勉強をし、夜中の三時ごろ、彼のお母さんがうどんを作ってくれて、とても嬉しかった。

ぼくはダメでもともとと思いながら、駒場に東大の第一次の発表を見にいった。渋谷駅でむずかしい乗り換えをやってガタゴトの井ノ頭線にゆられたのを思い出す。第二次試験の前の晩、幸運なことに、ぼくは四十度の熱を出した。翌日は棄権した。だから今でも、オレは東大に落ちたことはない、と威張っているのである。

ぼくの超ビギナーのピアノのせいか、秀才は一浪した。

藝大の第一次試験当日、ぼくはもっとたまげた。受験要項の大事な一行を読み落としていたのに気がついたのだ。

ぼくは得意の木琴さえ弾けば良いと思っていたが、第一次試験はナント打楽器の基本である小太鼓の演奏だけだったのである。第二次は、たくさん種類のある打楽器から自由に楽器を選べばよいということだ。

ぼくはそれまで、小太鼓という楽器を触ったこともなかった。

受験の控え室でたくさんの受験生が、くるったように、カタカタ机を叩きまくっている。

撥《ばち》を頭上高く振り上げている、派手なのもいる。

ティンパニーをやっていたから、右手の撥の持ち方は知っている。はたきをかけるのと同じ要領である。

ところが、みんなの左手の持ち方が妙なのだ。親指と人差し指で横にはさんでいる。心配になって、かなり年上に見える人の好さそうなのに持ち方を聞いた。とても親切な男で懇切丁寧《こんせつていねい》に教えてくれた。いまごろこんなことを尋ねるやつは敵じゃない、と思ったにちがいない。

十分ぐらいの即席レッスンのあとぼくの番がきた。かわいそうに、この親切な男は落っこってしまった。

第二次試験は得意な木琴を弾いた。ところが、試験場に置いてあった藝大の楽器は明治のころから誰も触らなかったというシロモノで、音程が滅茶滅茶に狂っていた。ミがファより高かったりするのだ。弾きだしたが頭が完全に混乱し、立ち往生した。呆然《ぼうぜん》と立っていた。

だから藝大の第二次試験は、絶対に、百パーセント落ちる自信を持っていた。試験の発表も見にいかなかった。トコロテン式に、われわれの学校の大学に進学するノンキな奴の家に行って、同じ類の仲間たちと徹夜麻雀をした。

朝の六時に、ひとの家の呼び鈴を鳴らし続ける、失礼なヤツがあった。麻雀主催者がブーブー言いながら中座していって、顔色を変えて戻ってきた。

「おい、おまえんところの親父さんだ」

卒業したとはいえ、まだ十八歳である。家に無断で、誰かの所での徹夜麻雀はやはりヤバイ。麻雀仲間は、てっきりぼくが怒られて、連れ戻されると思ったのだ。困った。勝負が中断するではないか。

やはり、中断した。父は、ぼくの行きそうな所を一晩中、捜し回ってきたのだった。父は、ぼくの顔を見るなりニコニコ大声で叫んだ。

「入っていたぞ！」

ぼくは、そのまま勝負をほったらかしにして、はしゃぎながら父と家に戻った。頼みもしないのに、発表をみにいくなんてズルイ、とうれしくからんだのだった。

後になって知ったが、管・打楽器の試験官たちは、みんなそれぞれ当時のオーケストラのトップ奏者だった。ぼくが立ち往生したとき、試験官たちが議論を始めた。

「国立の大学ともあろうものが、こんなにヒドイ楽器で受験させるとは何事だ」

「オレはこの子の放送を何回も聴いている。それだけで十分コイツを推薦《すいせん》する」

よい時代だった。

結局木琴を弾かずにぼくは入学させてもらった。

入学後、ぼくは鬱《うつ》の固まりになった。

当時の藝大は、古い木造の建物で、長い廊下の両側に、たくさんの練習室がある。

ミシミシきしむ廊下を歩いていると、周り中からピアノの音が聞こえる。バイオリンやチェロ、つきあたりの右側はバカ声の発声だったり、キラキラ輝くフルートだったりする。

アー、アーの発声には劣等感を覚えなかったが、何しろ聞こえてくるピアノはどれもこれもぼくよりはるかにうまいのだ。ぼくのは、受験直前に友達の家で、真夜中のうどんのほうが嬉しかったような稽古しかしていないピアノだから、仕方がないことではある。

だから、藝大一年の二学期の終わりまでは、午後になると、いつも逃げ出して、昔の高校の野球部の練習に行った。いまや先輩である。現役に千本ノックを浴びせて、欲求不満を解消した。

別の面で、優越感を持つことができる場所があった。

やはり母校である。野球部の後輩たちをしぼった後、音楽部に顔を出すことだった。何といっても、ぼくは藝大の学生なのだ。この学校から上野に行ったのは、ぼくが十年ぶりとのことだった。だから、母校の音楽部では、神様扱いにされた。要するに、内弁慶《うちべんけい》だったわけだ。

音楽部のオーケストラを指導していた指揮者は、よく遅刻したり、すっぽかしたりする人だった。この先生が来るまで、藝大生だからできるだろう、という声があって、指揮というよりは、下稽古をするはめになった。

夢中になって手を振る。指揮とはいえないながら、もちろん自分では大まじめだ。大汗をかきながら暴れているとき、突然肩をポンとたたかれ、「ごくろうさん」でおしまいになる。くやしかったが、満足だった。

そうこうしているうちに、打楽器科の学生として、二、三のオーケストラに、エキストラの仕事に行くようになった。藝大では、学生の学外無断演奏を禁じていたが、そんなことは知っちゃいない。

ドイツ語のクラスは、生徒が十人だった。自慢するわけではないが、ぼくは最初から上級をとった。いやしくも東大独文を志した身である。初級も中級もアホらしくて取る気にならなかった。そして上級もバカみたいにやさしかった。高校ですでに、カロッサやショウペンハウエルをやっていたのである。「ミニョン物語」なんて、笑ってしまう。

ある朝、九時からの授業のときだった。九時半にぼくは手を挙げた。

「先生、ぼくはこれから東京フィルハーモニーの練習に行くんです。ムソルグスキーの『展覧会の絵』のトライアングルをやるんです。これから行ってきます」

「そ、そ、そうですか。しっかりやってきなさい」

ぼくは意気揚々と当時御徒町《おかちまち》にあった東京フィルハーモニーの練習場に向かった。

次の週に、この話を友達に自慢した。ゾッとした。このドイツ語の先生は、補導課長といって、学生の校外演奏などを、取り締まる専門の人だったのだ。

こうやって方々にたたきにいくことを、ぼくはいわゆるアルバイトとは、思っていなかった。本職以外の何ものでもなかった。

一緒に入ったタイコの白木秀雄は、もう人気ドラマーになっていた。ブルーコーツの四番打者だった。

三学期の初めごろ、近衛秀麿《このえひでまろ》さんのオーケストラから誘いがあり、ティンパニー奏者にならないか、ということだった。もちろん学生なのだから、月給を出すわけにはいかないが、専属としてすべてのスケジュールの責任を持ってくれ、というのだ。ギャラは、一回一回、エキストラ料を払うそうで、これは月給をもらっている奏者たちよりも、はるかに高額になる。

同じ時期、あるジャズ関係のマネジャーから話がきた。

藝大生の白木が、いまや人気スターである。同級生にもう一人タイコがいて、そいつもジャズ気ちがいらしい、そいつをドラマーに育てて、白木と競わせたら、いい商売になる、と思ったのだろう。

新しいフルバンドを結成中で、まだドラマーが決まっていないからどうだ、という話だった。

「二、三日考えさせて下さい」

といって、ぼくは本当に三日三晩寝ないで考えた。

「やはりフィーリングが、ジャズのほうには向かないと思いますので……」

そう返事した。

結局、近衛秀磨管弦楽団の仕事が忙しくて学校に行く暇がなくなった。いや、学校には実にしげしげと顔を出した。授業に出なかっただけだ。例の汚い学内食堂でみんなと騒いでいたり、気が向くと、面白そうな講義の教室ですわっていた。単位というものを取る気は、さらさらなかった。

当時、現代音楽の演奏に向いた打楽器奏者は、非常に数少なかった。大太鼓だけのひと、シンバルだけ、小太鼓のみというように、超分業化されていた。

ぼくは木琴をはじめ、ティンパニー、小太鼓と一応何でもこなす、便利なタイコたきになっていた。だから、そういった現代音楽なんか、ぼくの一手販売で、月に平均十万円ぐらい稼いでいた。昭和二十六、七年の十万円である。

アルバイトではない本職で、バカバカ小遣いを使って、藝大の中で聞こえてくるうまいピアノなんかに、コンプレックスがなくなった。もちろん自分のピアノはへたなままであるが、もういいのだ。

こうして学内食堂――キャッスルといった――で、騒いでいるときに、オランウータンのハンペンに初めて会ったのだった。自分もかなり威勢がよくなったと思っていたが、入ってきたばっかりの一年生で、こんなに自信満々なのは想像を絶した。一緒にキャッスルを出て、上野の山を降り、喫茶店のはしごをした。

ナオズミの親父さんは、戦前の有名な指揮者だった。ナオズミは物心ついたときから、完全な音楽教育をうけていた。ピアノはパラパラ弾けるし、バイオリンでもトランペットでも、何でもござれ、なのだ。

三軒目の喫茶店あたりからぼくの気持ちは落ちこんでいったのだった。

「オレはなあ、十二歳のときに、名古屋で棒を振ったことがあるんだぜ。それからも方々でいっぱいやっちゃってるんで、なあ、どんな曲やっちゃったかなんて、覚えてねえのヨ」

初めて会ってからまだ二、三時間なのに、ナオズミはもう、「オメェ、オメェ」を、連発するのだ。

最初の三十分ぐらいは「イワキさん」といっていたが、

「オメエ、どんな風に音楽をやってきたんだ?」

と聞かれて、ぼくは一言もいえなかった。

で、もっぱら聞き役に回るようにした。

「ヨーヨー、オレの小学校二年のときの日記を、今度見せてやらァ」

二、三日後、ナオズミは古ぼけたぶ厚い皮表紙の日記帳を、持ってきた。

「何となくオメェの音楽教育は貧しそうだから、これ読むと何かの参考になるかもしれねぇヨ」

――ぼくはけふおとうさまにつれられて、やまだかずをせんせいのおうちにいきました。せんせいはベートーベンのだい一かうきやうきよくが　どうしてこのやうなハーモニーではじまるかをしへてくださいました。らいしうは　だうにふぶぜんぶのことをしへてくださるとおつしやいました。そして、だいいちがくしやうのおしまひまで　ピアノでひけるやうにしておいで、とおつしやいました。いつしようけんめいべんきやうしやう。――

参考になんかなるものか。ぼくは打ちひしがれた。ぼくがオモチャの木琴をいじりだし、半音のないその木琴で、どうも、ファとソの間に何か音があるはずだ、と考えこんでいたのが、ナオズミのこの日記より四年も後なのだ。音楽家の息子って何て恵まれているのだろう。

ナオズミは、天才的な耳を持っていた。

藝大に入る前、いや、もっと以前の十二歳のころから、たくさんの作曲をしていた。ピアノの、協奏曲が弾けるぐらいの腕前である。しかし不思議なことに、藝大の入試は一度失敗している。

彼には実は、重大な欠陥があった。

どのような音も聞きわける耳を持っていながら、自分が思った音を、正しい音程で声に出せないのだ。つまり、知らない人から見れば、オンチなのである。

それで、藝大入試でメロディーを歌わなければならないコールユーブンゲンや新曲のソルフェージュのテストのとき、審査員たちが笑いころげたのだった。

もちろん現在のナオズミは思った音程の音をちゃんとだせる。

intermède　原宿参り

ナオズミとつきあうようになってから、ぼくの藝大での交際範囲が急速に限定された。ほとんど作曲科の学生たちとだけ遊ぶようになったのである。彼らと遊ぶ合い間に、時々授業に顔を出す、みたいな毎日が続いた。

同級生の作曲科に、林光《はやしひかる》がいた。彼は指揮者の尾高尚忠《おたかひさただ》さんの一の弟子だった。ちょうどわれわれの入試の直前、昭和二十六年二月十六日に、N響の指揮者の尾高さんは亡くなった。そのころ、朝日新聞に大きな記事が載った。「尾高氏の未完の遺作を、愛弟子《まな》の林君（一九）が完成」とあった。

もちろんぼくは林光という人物が藝大に入ろうとしていることなど、知らなかった。先生の未完の遺作のフルート協奏曲を完成した、その若さ、年齢に、驚嘆したのだ。なんてすごいんだろう。

入学したらこの男が同級生なのであった。

藝大の学生通用門には、学生の木の名札がずらりとかかっている。校内に入るとき、各々が自分の名札をひっくり返す。不在のときは赤、学校の中にいるときは黒、というわけで、全校合わせてせいぜい三百人ぐらいだから、こんな会社みたいなことをやっていたのだろう。

いろいろ便利な面があった。何番教室で待っている、とか、夕方どこかに遊びに行こう、というようなメッセージを、名札のひっかけにぶらさげておくのだ。

モテる学生の名札は、よく盗まれた。自慢じゃないけれど、ぼくもずいぶんたくさん教務課に新しい名札を頼みにいったものだ。「またか」といわれ、こちらは得意顔なのである。

戦後、学生制度が変わって、東京音楽学校が東京美術学校と合併され、東京藝術大学になった。

ぼくはその第二期生で、入学したころ、上の上のクラスはまだ音楽学校の生徒だった。藝大の音楽学部になってから急速に人数が増え、それでも一学年がたかだか百二十人ぐらいなのだけれど、音楽学校時代は、一学年が二、三十人だったのではないだろうか。

だから全校生徒の名札をぶらさげることが可能だったわけだ。一般の大学なら、あり得ないことだろう。

とにかく、いまでもわれわれがいっている、音校、美校という呼び方は、ここからきているのだ。

ちなみに、われわれガクタイは、ＮＨＫのことを「ヤマ」という。もちろん昭和の初期のことは知らないけれど、日本放送協会が発足したときに、芝の愛宕山《あたごやま》の上にあったからである。

最近のＮＨＫ放送センターは、やたらに広く、たくさんのスタジオやリハーサルルームがあるので、よく迷子になる。だからぼくたちは「今日もヤマで遭難した」というように言う。

話を戻すと、藝大の一年生の名札は、一番下の段にずらりと並んでいる。

初めて自分の名札をめくりに行ったとき、ぼくは絶望した。自分のをやっと探し出したが、いちばん最後なのだった。ぼくの学生番号は百二十七である。

管・打楽器科の十二枚は、もちろん最後にあり、その名の示すように打楽器はおしまいである。タイコは二人入ったわけだが、前の番号は白木で、おそらくこれは成績順なのだろう。

白木の本名は柏倉秀康《かしわぐらひでやす》という、秀吉と家康の両方からとった欲張った名前で、いろは順にしても、アイウエオ順にしても、ぼくが彼の次というのはどうもおかしい。だからぼくは成績順だと断定し、これも入学当初からのひがみの大きな原因の一つだった。

しかし便利なこともある。映画やテレビドラマのタイトルだって、大物はいちばん最初と最後ではないか。名札の最後というのは、だから目につきやすく、探しやすかった。もっとも二年になったとき、下にずらりと新しいのが並び、ぼくのは埋没してしまった。

初めて名札を見渡したとき、新聞で見たあの有名な「林光」の名前を見つけて、体が震えた。とんでもないのが同級生なのだ。これはエライところに来てしまった。もちろん作曲科の名札の順位は、最上位である。そのまた上にひとつだけ、指揮科の名前がある。

他のピアノ科の何人かの名札の中に、前の年のコンクールの第一位の名前も発見した。

名札には自分の属する科は全く書かれていない。まったく名前だけなのである。だから、ここらへんまでが作曲科、それからピアノ、弦……というようにそれぞれの名前を知らないうちは、やはり上位からの順番で、ナニ屋かを判断するほかはない。

とにかく、毎日名札板の前に立つたびに、最劣等民族を意識せざるを得ないのだった。

音楽学校というものはもちろん職業専門学校だから、すでに実力社会である。新聞に名前が出たり、コンクールの一位をとったようなやつは、デカいつらをしていた。少なくともこちらにはそう見えた。

暗い木造の廊下や、図書館の中や、キャッスルの入口などでこういうのにすれ違うとき、ぼくは何となく会釈《えしゃく》をしてしまうのだった。そのたびに、自己嫌悪になる。ナオズミとつきあいだしたおかげで、ついにあの夢のスターの林光と一緒にキャッスルでBランチを食べることになったのだった。

ぼくは、緊張で身体中かたくなった。彼はもの静かで言葉少なかった。現在の林は、もの静かではあるけれど、よくしゃべる。きっとあのころは、自分のスターとしての存在を意識していたのだろう。

母校の音楽部のオーケストラで下稽古をするようになってから、ぼくの心の中にはいまに指揮者になりたい、という夢が、すでに芽生えていた。そして作曲科の学生の林光は、もうすでに作曲家であり、尾高尚忠さんが存命であれば、その後継者として目されていた、という評判だった。ますますぼくの身体は堅くなる。

ところがナオズミは、この神さまみたいな林光に、全くヘイチャラなのだ。あろうことか、ぼくに対するのと同じように「オメェ、オメェ」とか「ヒカルよぉ」と乱暴なのだ。この二人は自由学園の同級生だったのである。ナオズミの耳天才、声オンチのために、藝大では学年がちがったわけだが、ぼくにはそんなナオズミがますますコワく感じられた。

西洋史とか、哲学とか、いわゆる一般教養の授業もあった。どうもぼくには、自分が大学に籍を置いていた、という自覚がいまだにないので授業といってしまう。本当は「講義」というべきなのだろう。

先生が、いや教授が、時間になってもやってこないとき、最優秀民族どもは、教壇の横のピアノの前に集まり、ぼくなんかが聞いたこともない当時の最新の現代音楽を、ガチャガチャ弾くのだった。それは他の一般学生を前にしての、興行のようであった。

バルトーク、プロコフィエフ、ショスタコーヴィッチ等が恐しいほど前衛的に聞こえ、それらをパラパラ楽譜なしで弾いてのける、林光たち作曲科の学生の示威《しい》行為に、ぼくはただ、口をポカンと開けて眺めていたのだった。

先生によっては、教室に入ってきてもそのほうが面白いからと、時間が終わるまで楽しんだ人もあったのだ。

即興演奏の競技もあった。だれかがテーマを出し、Aが即興演奏する。次のBがAを押しのけていすに座り、もっと複雑な展開を続ける。Cが横にいすを持ってきて、Bの即興に割り込んでかきまわし、結局はすばらしい連弾になる。そういう中でとびぬけていたのが、やはり林光だった。

その彼の家に、ぼくはついに招《よ》ばれたのだった。ヒカルの上級生の作曲科たちも含めて、彼の家に招ばれるのを、「原宿参り」といっていた。彼の家が原宿にあったからである。

ぼくは、すでに学外では近衛管弦楽団のティンパニー奏者として、ガクタイの間ではかなり知られてはいたが、学内ではただのタイコの学生で、「原宿参り」を許されて、ヒカルの家では、ぼくは猛烈に緊張していた。

へたなことを言ってはいけない。つまりずーっと黙っていたのだ。

アイヴスがどうした、晩年のバルトークはエネルギーを失った、というような恐しい会話が続き、夕方になって、みんな腹がすいた。

「君たち、何かとらない？」

各々が勝手なことを言った。オレは親子丼だ、ボクはカツ丼、わたしは天丼……と、要するに店屋物の注文なのである。

ガヤガヤ食べ終わると、ヒカルが薄汚れたメニューを取り出し、おまえは百円、きみは九十円……と、みんなから代金を徴収した。

なぜかぼくは、ものすごくガッカリした。考えてみれば、彼は作曲科の二年生であるにすぎないのだ。こんなことは、学生同士では当たり前のことだったのに、何となくぼくは、あのエライエライ林光様が、割り勘を集めるなんて、想像もしていなかったのである。

なあんだ、ただの学生仲間だったのか。そのときからヒカルはぼくにとって、普通のそして良い友だちになった。あくまでこちらから見てのことである。ヒカルは、割り勘徴収の瞬間のぼくの対ヒカル観の変化を、全く知らないに決まっている。

作曲家の卵たちの会話は、世界中のあらゆる現代の作曲家たちの作品について、侃々諤々《かんかんがくがく》の討論に終始し、黙って聞いているぼくには、まるで天下国家を論じ合う志士たちに加わっているような気がして、快かった。

内容は作曲技法の専門語の羅列で、チンプンカンプンだったが、時々ナオズミは大きな声で、ぼくのような作曲シロウトにもわかるような言葉で、鋭い批判を叫ぶのだった。

だれかが作曲中の自分のスコアを、みんなに見せることもあった。ナオズミは常に一言で、おそろしく的確な指摘をするのだった。

専門語の羅列の、まるで直訳口調でしかしゃべらない作曲科の学生の中で、正真正銘の作曲科であるナオズミの言葉は、非常に新鮮だった。そして痛烈な否定にもかかわらず、同時に全員が大笑いをし、結局はナオズミの独演会のようになった。

器楽科や声楽科の連中としゃべっていても、面白くなかった。

彼らは自分たちのテクニックのことばかりを話すか、あれこれ噂話にしか関心がなく、もちろん作曲科の連中だって同じようなバカ話をしているが、どうも演奏家の卵たちには、戦後の日本音楽界の維新を目指すというような気持ちが欠如しているように思われた。

ナオズミと二人きりのときは、話は指揮のことばかりだった。

一年生のとき、劣等感の固まりでおとなしくしていたぼくは、プロの音楽界で稼ぎまくるようになってからは、自分が本当は将来指揮者になりたくなってきたという気持ちを、だれにも隠さなくなってきた。

それでも、用心はしていた。演奏家の卵たちには慎重にふるまい、もっぱら作曲家の卵たちに、広言するようになっていた。不思議なもので、この点では、先進民族にのみ、心やすくなったわけである。つまり、周りの同族は敵、ということだ。

何回目かの「原宿参り」のとき、作曲科の連中がいいだした。

林君の書いたものは、尾高さんの遺作のように、あのN響がすでに演奏した。オレたちは何を書いても、自分の音を聞けないじゃないか。情ないよなあ。くやしいよなあ。

そういうとき、原宿の主は、黙って微笑《ほほえ》んでいた。

帰り道にナオズミと二人で近所の喫茶店で話しあった。あいつらは可哀想だ。何とかしてやろう。

こういうときナオズミは自分が作曲科の学生であることを、まったく忘れているようだった。

もっとも彼は、親父の友人のある作曲家のもとで、映画音楽などの作曲のアシスタントをしていた。

というより、ほとんどの実際の作曲は、ナオズミがやっていたのだった。だから彼は、自分が書いた音を、いつも聞くことができたのである。

二人の話は進んだ。オーケストラをつくってやろうじゃないか。あの可哀想な作曲家の卵たちを、助けてやろう、というのがたしかにきっかけだったけれど、二人の間で暗黙の了解があった。実は、作曲科はどうでもいいのだ。本当は自分たちが、指揮をしたかったからだけなのである。

しかし実際に、どうやったらよいのか、皆目見当がつかなかった。

Moments musicaux 「学響」のとき

ちょうどそのころ、指揮者の渡邉暁雄《わたなべあけお》さんがアメリカ留学を終えて帰国し、藝大で教えることになった。

初めて学校に来て学生オーケストラの授業をしたとき、オーケストラ全員が息をのんだ。学生オーケストラの授業は、一般にいう授業とは全く違い、演奏会のリハーサルの形式をとっている。

渡邉先生は、お母さんがフィンランド人で、背はスラリと高く、彫りの深い顔だちで、当然のことながら日本人ばなれをしていた。

われわれが見たこともなかったような、白く柔かそうな生地のワイシャツがすてきだった。キチッと糊《のり》をつけてアイロンで固めたような襟《えり》ではない。時にはなんとなくまくれあがったり、しなやかに折れたり、そして透き通っていた。アメリカ帰りの、当時世界の最先端の、ナイロンだったのだろう。

先生の大きな青い目でじっと見つめられるのが嬉しくて、練習中、わざと失敗をやったものだった。静かに間違いを指摘されるのが感激だった。

ときどき外国から来た音楽家が、奏楽堂《そうがくどう》で、特別公開レッスンをやった。そういうときは渡邉先生が通訳をした。

英語のへたな日本人がだれでもやるように、イエス、イエスだけを連発して、ペコペコ繰り返すようなことを、先生はまったくしなかった。腕を組み、相手の言うことをじっと聞いて、ゆっくりうなづく様が、なんともカッコ良かった。

その渡邉先生の指揮の副科のクラスが募集された。新クラスの開設である。テストには、四十人ほど参加した。

藝大の学生は、副科といって、専門以外の音楽科目をとるのが義務だった。例えばピアノ科の学生は声楽とか、弦楽器、管楽器、打楽器のどれかに取り組むというわけである。

副科でいちばん人気があったのは打楽器だった。要するにヤサシイからだ。それに、打楽器を習うとリズムが良くなるという迷信が流布していた。

ぼくたち専門の打楽器科は、こういう風潮を天からバカにしていた。オレたちは、リズムがいいからこそ、タイコをやっているんじゃねえか、タイコでリズムが良くなるなら、世の中にリズム音痴なんていなくなってしまう。

入学したとき、ぼくは副科に、「合唱」をとった。もし「声楽」をとると、発声練習とやらから始めさせられ、こんなに恥ずかしいことはないではないか。「合唱」なら大勢の中につっ立っていて、口をパクパクやっていればいい。毎週一時間か二時間の苦痛に耐えていれば単位がとれるのだ。だから「合唱」の副科に対する人気は打楽器の次だった。

実際に、打楽器のほうが、はるかに面白かったのである。初心者のための打楽器のレッスンでは木製の台を叩く。いつも冗談ばかり言う面白い先生と一対一で、カタカタやって楽しむことができる。しかし一対一だから、人数には限りがある。人数の締め切りがある。だから大多数は「合唱」で口パクパクということになった。

ぼくはといえば、専門が打楽器なので、最初から、「合唱」の副科を選んだわけだ。しかし、口パクパクを想像するだけでおぞましく、一度も出席したことはなかった。それにくらべると、副科とはいえ、さすがに指揮である。受講するためのテストが行われたのだ。

いまはもう取り壊された歴史的明治木造建築の玄関の正面右には、コワーイ顔のベートーベンの胸像が、デーンと学生たちをにらみすえていた。玄関を入ると、左が教務課というか事務室、右の壁には教授たちの出欠の名札がぶら下がっていた。その角の細い廊下を右に進み、二つ目の部屋がかなり大きなレッスン室で、これは安川加壽子《やすかわかずこ》さんの専用教授室だった。テストはこのレッスン室でおこなわれた。新任の渡邉先生は、きっと安川教授の好意でこの部屋を借りることができたのだろう。

テストでは、三人ずつ部屋に入れられた。ぼくはいつもナオズミと一緒にいたから、部屋の真ん中に静かに黙ってすわっている渡邉先生の前に並んですわった。次の一人は一年上の作曲科の学生だった。

まず、ナオズミが、バカでかい声を出した。

「先生コンニチハ、よろしくお願いしまーす！」

ぼくはあがってしまって声が出ない。座っても膝がガクガクしているのがよくわかる。あのころはだれでも貴重な靴の底がへらないように鋲《びょう》を打っていたから、ぼくの両かかとは、トレモロを打っていたかもしれない。

指揮の副科のテストだから手を振るのかと思っていた。もうすでに母校のアマチュアオーケストラの下稽古で、指揮みたいなことをやっていたから、手を動かすことには自信があった。ナオズミにはもちろん、無数の経験があり、テストなぞ、屁とも思っていなかったようだ。

ところが、ぼくたちは全然あてがはずれてしまった。

テストは予想に反して耳の検査だったのである。

耳の検査といっても、耳鼻科の診察ではない。

先生はピアノの前に座り、威勢よくいちばん先にのりこんで、右端のいすに座ったナオズミに声をかけた。聞き取れないほどの静かな声である。

「きみ、いまたたく和音の中の、上から三番目の音の、五度下の音を声に出してごらん」

和音なんていうものではない。指十本の全部を使った目茶苦茶な不協和音だ。

ナオズミは即座に、「アーッ」とダミ声をあげた。

聞いているぼくにはまったくわからない。どうせ思った音程を声には出せないやつなのだ。デタラメに怒鳴《どな》っているのだろう。

先生は指定した音、つまり上から三番目の音の五度下のキーを、ポーンと叩いた。

ダミ声と同じ音だった。

ゆっくりうなづいた先生は、

「もう一度やってみようね」

とつぶやいた。多分、マグレと思ったのだろう。違う不協和音をたたいた。

「今度は、下から二番目の音の六度上をうたってごらん」

「イーッ」

またポーンと試す。

　ぼくは自分がガタガタ震えているのも忘れて呆《あき》れかえった。こんなことをできるやつは、日本に何人といないだろう。完全無欠な絶対音感教育の、しかももともと天才的な感覚を持っている人間でなければありえない。

　テストをする先生自身、絶対にできないに決まっている。これは断言できる。

「きみは完全な耳をしているね」

　次はぼくである。

　同じことをやられた。何もわからないのだ。ドからシまでの十二分の一の確率を祈り「ヒーッ」とやった。

　ポーン。

「ちがうね」

　これでおしまいだった。

　先生だって、自分でポーンと試さなければわからないのだろう、なんてことを思う余裕は、ぼくにはない。悄然《しょうぜん》と座った。

　次の作曲科もまったくだめだった。

　しかし先生は、「ちがうね」とは言わず、

「きみはいい目をしているね」

　とやさしく言ったのだった。

ぼくはますます落ち込んだ。

翌日テストの発表があった。あれだけのテストで何がわかったのか知らないが、ナオズミとぼくを含む半分の二十人に指揮の副科を受ける資格が与えられた。

いつの間にかぼくたちは、渡邉曉雄先生を「アケちゃん」と呼ぶようになった。もちろん面と向かっては、「先生」という。後に先生に、

「これからは『アケちゃん』といってよ」

といわれたことはあるが、これは不可能である。

アケちゃんの授業は楽しかった。手の振り方のレッスンなどはあまりなく、結局先生のいろいろなオーケストラとの経験談とか、トスカニーニがオーケストラとどんなにケンカをしたかとか、そういう面白い話ばかりだった。

ときどき、タネがなくなると、猥談《わいだん》になるのだった。といっても上品なアケちゃんのことだから大したことはない。

突然黒板に向かう。大きな矩形《くけい》の上に、上半分がない桃のようなのを白墨《はくぼく》で書く。静かに言う。

「これ、何だかわかる？　当ててごらん」

みんな黙っている。内心は、また始まったと思っているのだ。

「これはね」

うれしそうだ。

「塀の穴からおねえちゃんの行水《ぎょうずい》をのぞいたとこなの」

何秒かシラケた空気が流れる。

「ギャハハハ……」

必ずナオズミである。しかも他の連中がしようがなく笑い出すまで、彼はバカ笑いを続けるのだ。ナオズミは、どんな場所でも、指揮者あるいは司会者だった。


ぼくとナオズミは、先生の家にしょっ中出入りした。

それも、

「オイ、行こうじゃねえか」

常に発作的なのである。

礼儀正しく、一応、前もって電話はした。それが夜の十一時とか十二時なのだ。そのせいか、アケちゃんの家でご飯を食べた記憶はほとんどない。

「ベルが鳴ると、最初のリーンで、あっナオズミさんだとか、イワキさんだなんて、パッとわかっちゃうのよ」

と奥さんが言ったことがある。

われわれは、勘の良い人だ、と感心したが、考えてみれば、そんな時間の電話は、まず他の人からはかかってこないに決まっている。

「わかるのよ」

を、うれしく思ったものだが、本当は、また来る！　の恐怖の予感だったのではないか。でも一度も、今日はダメ、といわれたことはなかった。

たまたまわりと早く行ったことがあった。

いつものように、さわいでいると、玄関のベルが鳴った。夜の九時ぐらいだったと思う。

「こんな遅くにだれでしょうねえ」

とナオズミがとがめるように言った。

「ああ、そうそう、忘れていた。君たちちょっと、隣の部屋に隠れていてくれないか。小さな部屋だけど我慢しててね。それと、静かにね。千円札が来たの」

アケちゃんはうれしそうな顔をした。

ふすまの隙間から見ていたら、高校生ぐらいの女の子二人だった。バイオリンとピアノで、バイオリンのほうが、メンデルスゾーンの協奏曲のレッスンを受けに来たのだった。

ちょっと音程が悪かったりすると、ナオズミが、ギャオーッと叫びそうになるので、ぼくは必死になってヤツの口を押さえた。

でも、結局、女の子たちに悟られてしまい、アケちゃんは二人にあやまって、

「もういいから、出てきて、レッスンの見学をしていなさい」

と、あきらめたのだった。

「横で、手などを振ってはいけないよ」

これだけはきつい言い方だった。

指揮者になる前のアケちゃんは、バイオリンの名手だった。特に室内楽で有名だった。だから多くのバイオリンの生徒がいたらしい。

一時間余りでレッスンが終わり、女の子二人は最敬礼をして帰っていった。

「君たち、邪魔して悪かったね」

といって、机の上に置いていった封筒を開け、千円札をヒラヒラさせた。

「そういえばぼくたち、先生のバイオリンをじかに聴いたことないなあ」

「じゃあ聴かせてあげようか」

アケちゃんは二階から、バイオリンのケースを持ってきた。小さいのだ。息子の四分の一だか八分の一の、かわいらしいのを取り出した。

二、三枚のペラペラの楽譜も持っていて、ナオズミに、

「きみ、伴奏してちょうだい」

キンキンいうちっちゃなバイオリンを調弦し、「枯れ葉」を奏《ひ》きだした。

次は、「ラ・ヴィ・アン・ローズ」で、すばらしいエスプレッシーヴォだった。

「先生、すげえヴィブラートだなあ。ものすごくうたいますね。どうして指揮するときにこうならないんですか」

ナオズミがひどいことを言った。絶賛しているつもりなのだ。

「そうねえ、どうもうまくいかないのよ」

結局、夜遅くまで、シャンソンや、「イースター・パレード」なんかの、アケちゃんリサイタルが続いたのだった。

「オイ、オメェ、そろそろ帰《けえ》ろうじゃねえか。長いことお邪魔をいたしました」

玄関を出る。

先生の家の玄関からは、くねくねと曲がりくねった長い坂が、下の通りまで続く。アケちゃんは、いつまでも玄関から、われわれに手を振っているのだった。こちらもへアピン・カーブごとに何度も立ち止まって、手を振らなければならなかった。

あるとき、これをすっかり忘れてしまって、というより、行く前から二人に計画があった。

曲がりくねった坂道の途中で、小便をする。道に沿って流れは曲がりくねるだろうか。それとも、直線で横のどぶに行ってしまうか、賭けをしたのだ。

ぼくには勝算があった。細い坂の真ん中が、少しくぼんでいるようだった。だから、音羽《おとわ》の通りまで水流は届くはずだった。

途中で舗装のコンクリートに吸い込まれるおそれがある。水量はなるべく多い方がいい。玄関を出て、最初の曲がり角で、上のアケちゃんに手を振りつづけた。そこから次のカーブまで、アケちゃんが見えなくなるのだ。二人で立ち小便をした。

水流を一緒にするために苦労した。お互いにひっかけられたくはないのだ。そしてどんどん後を追う。

「おい、ちゃんと曲がったぞ」

「おかしいなあ、そんなはず、ねえんだけど」

夢中になって追いかけると、二回ほどへアピン・カーブをクリアした。残念なことに、坂の真ん中あたりで、地球に吸収されてしまった。でもぼくが勝ったのである。

何を食わせろ、とか、ワーワーやっているとき、ふと上を見た。

ほの暗い玄関の灯の中で、まだ手を振っているアケちゃんの姿が見えた。

ぼくたちは、恐縮しきって、いつもよりたくさん手を振ったのだった。

二十人いた指揮の副科の学生は、だんだん減っていき、結局数人になった。ぼくはこの授業にだけは熱心で、皆出席とはいわないが、どんなに魅力ある、つまり稼ぎのいい仕事があっても、アケちゃんの時間には出席した。

例の作曲科は最初に消えた。当時のN響常任指揮者のクルト・ウェスが、客員教授になり、そちらのクラスに移っていったのだ。エライ外人の客員教授についていると、学生オーケストラの授業で実際に指揮するチャンスがあったからだと思う。

新任のアケちゃんのもとでは、そのようなチャンスがあるとは思えなかった。ナオズミとぼくもそれには魅力を感じたが、何よりもアケちゃんが好きだった。

そしてもっと本当のことをいうと、外人サンが、コワかったのである。

恐れていた日がやってきた。

クルト・ウェスの生徒が、学生オーケストラの授業で、ハイドンの「オックスフォード交響曲」を指揮するというのだった。奏楽堂の客席で、クルト・ウェスがえらそうに腕組みしている。学生オーケストラには関係のない作曲科のナオズミも噂を聞きつけてやってきて、ティンパニーのぼくの横に座った。

「なんだ、あいつらは……」

帰り道でぼくたちは憤慨した。しかしどうしようもない。

唯一の指揮科の学生には、定期的に学生オーケストラを振るチャンスがあった。これは仕方がない。ぼくたちは我慢した。

それにしても指揮をしたい。

「振りてぇよォ、振りてぇよォ」

二人で、動物園のお猿の山の前で、怒鳴ったりした。

~

チャンスがきた。レッスンの時、アケちゃんが、

「来週の学生オーケストラの時間で、きみたちに振らせてあげることができるようになったの。ブラームスの第四の一楽章がいいと思う。やりたい人は手を挙げてごらん」

アケちゃんの言葉が終わらないうちに、ナオズミとボクは手を挙げた。どんな曲でも良かったのだ。とにかく指揮をすることができるのである。

他の学生たちは黙っていた。二人の「ハーイ」の叫びと、みんなの「シーン」とが

奇妙なコントラストをかもし出した。

だいぶ時間がたち、

「もう一人ぐらいいないの？　二人だけでは、二時間もたないと思うんだけど」

だれも手を挙げなかった。たまりかねてアケちゃんがもう一度いった。

「きみ、どう？」

そいつはあわてふためいた。

「ボ、ボ、ボクは、ブ、ブ、ブラームスのシンフォニーをまだ勉強していません」

バカなやつだと思った。ぼくだって、ブラームスのこの交響曲のスコアをまだ見たことがないのだ。いかに経験豊富なナオズミでも同様のはずである。

本来なら学校の門を出て、狂喜に飛び跳ねながら上野駅の公園口まで行くところだ。国電に乗ってからも、大騒ぎしていたにちがいない。だが二人は、うつむいて一言も口をきかずに急いだのだった。

駅に着く直前になって、両方が同時にポツリと言った。まったく同じ言葉だった。

「オイ、どうする？」

そのまま神田の神保町に行った。神田には、音楽古書専門の古賀書店がある。スコアを買いたかったのだ。

まだ戦後数年のころである。一般には管弦楽の総譜なるものが、ひどく珍しかった時代だ。

戦前のＳＰレコードが盛んだったころは、おまけとしてスコアがついていたそうだ。しかし、愛好家が所有していたとしても大方は焼けてしまっただろうし、第一、このスコアを持っていそうな偉い音楽家たちにぼくたちは面識がなかった。古賀書店だけが、考えつく唯一の希望だった。

アケちゃんに申し渡されたとき、もちろんぼくたちは、藝大の音楽図書館に直行した。しかし一冊だけのスコアは、すでに渡邉先生に貸し出されていたのである。「ハーイ、やります！」と叫んでいかにも得意中の得意、勉強をしつくしている大レパートリーのようなことを言った手前、アケちゃんにスコアを貸して下さい、などと言えた義理ではない。

結局、古賀書店にもなかった。

本当は一人ずつ、つまり二冊ほしいのだが、そんなことは言っていられない。二人で持っていそうな人を訪ねて駆け回った。

初日は無駄だった。次の日もダメだった。

どうやって工面したのか覚えていないが、いよいよ指揮をする前の日の夕方に、一冊手に入った。

一冊のスコアを前にして、二人が勉強する姿は、なんとも珍妙だったろうと思う。

一人が「次っ」と叫ぶ。片方が「まだっ」と怒鳴る。

第二主題までいく。ぼくはメロディーをきれいにうたわせるための指揮をしようと思う。ナオズミはそれを支えるリズムを正確にやるべきだ、といいはる。ケンカになる。お互いに許せないのだ。いま思うと、これはナオズミのほうが正しかった。ちょっぴり専門的にいうと、ナオズミ風にリズムをしっかりインテンポでかためながら、メロディーは、顔の表情でうたわせるのが、現在のぼくのやり方である。結局は二人の解釈の総合ではあるけれど、根本的には、まずナオズミのやり方のほうが、基本である。

これがわかったのは、恥ずかしながら数年前で、それまで二十年以上、ナオズミに逆らうという、愚かさをやっていたわけだ。

こういったケンカが朝まで続いた。ぼくの家だったか、ナオズミのところだったか、とにかく二人で学校に駆けつけた。

どっちが先に振るかで、またケンカになった。さすがに二人とも先にやりたくないのである。オーケストラの学生たちが、ポカーンと見ている前でやりあっているので、見かねたアケちゃんが二人にジャンケンをさせた。不幸にしてぼくが先になった。

指揮するといっても、ただ曲を通すだけではないのである。第一楽章を、一人一時間ずつ、リハーサルするというわけだ。

その間中、バイオリンの後ろのほうに静かに立っていたり、反対のコントラバスに移ったり、客席にまわったり、先生はいろいろな角度から、われわれを観察していた。終始無言である。

ぼくのほうがプロのオーケストラの中で仕事をしているので、練習の要領は少しばかり知っていたと思う。ナオズミは子供のころの経験豊富だろうが、自分が二十歳近くになって、オーケストラにいろいろ注文をつけた経験はないはずである。だから、まるで子供の天才指揮者のようにふるまった。

それにしても、二人とも極端な勉強不足である。

「レコ勉」といって、名演奏家のレコードを聴いて安易に勉強する態度を、ぼくたちは軽蔑していた。しかし、スコア探しに追われ、レコ勉の時間もなかったのだ。

指揮という動作は面白いというか、不思議なもので、常に主観的な自己満足がともなうものだ。良い音がすれば、自分の手柄、悪ければ奏くやつのせいだ、と思いがちである。とにかく振り終わって、汗だくだくの二人は、結構満足していた。第一、指揮をしたということだけで、もう十分なのだ。

「オメェ、案外やりやがったな」

などとほめ合っていると、ふと横に静かなアケちゃんがいた。氷のように冷たい声で、

「こっちへいらっしゃい」

とささやいて、ゆっくり奏楽堂の裏側のオルガンのパイプの横の機械室へ、歩いていった。静かなのはいつものことである。ぼくたちは、ワクワクしながらついていった。

「きみたちは、この学生オーケストラの時間を、何だと思っているの？　オーケストラの学生のための、授業なんだよ。一年間何十時間の中の二時間を潰《つぶ》して、きみたちに好きにさせたんでしょう。二人とも、まったく勉強が足りなかった。何もしてないといってもいい。きみたちのおかげで、二時間の授業を無駄にしてしまった他の学生たちのために、詫《わ》びなさい。これだけは言っておく。指揮というものは、完全に勉強した後でしか、やってはいけないものです。ちょっとでも疑問があるうちは、指揮をしようという気など、起こさないこと」

行ってしまった。

ちょっとの疑問なんていうものではなかったわれわれは、先生の厳しい言葉に、何も言えなかった。ましてや、昨日の夕方までスコアが手に入らなかった、なんて言えるだろうか。アケちゃんのそういう姿は想像もつかないが、おそらく先生の生涯唯一の、はり倒しのシーンに、直面したのではないか。

二人はしょんぼり校門を出た。

夕方までビッシリ授業はあるのだが、出る気は全くない。また広小路の喫茶店である。コーヒーが出てくるまで、何もしゃべらなかった。

「オメェ、オレたちあいわれちゃったけど、しょうがねぇよなあ。でもスコアのことはともかく、何しろやっぱり、オレたちは経験不足すぎるってわけじゃねぇか」

「そうそう、近衛のオケのだれかが言ってたっけ。指揮者っていうのはパイロットと同じだってさ。飛行時間の問題よ」

二人はもう、自分たちの勉強不足を棚にあげてしまった。先に向かって進まなければ。

「ヨーヨー、この間ヒカルんちで作曲科どもがいってたじゃねぇか。でっちあげよう」

「うん」

その晩、原宿に行った。

だれも集まっていなかったから、当主だけが、静かに五線紙に向かっていた。二人が熱心に計画をしゃべった。

「そうだな……」

ヒカルはそういうとき、非常に慎重である。こういう答え方は、賛成を意味している。でも、積極的に動きそうにない。

翌日学校へ行って、原宿参りの何人かをつかまえた。それも、かなり考えて、相手を選んだのだった。

学友会という組織があった。どこの大学にでもある、学生の自治会である。音楽の学生といっても、政治的にかなり目覚めたヤツが多かった。皇居前広場の「血のメーデー」に行って、コブだらけになって帰ってきたのも多かった。学友会は、そういう連中が、牛耳っていた。

ぼくたちは超ノンポリで、デモなんかに行ったりするやつを心から軽蔑していた。それから三十年たって、ぼくは、急にセイジカッドウをやりだし、周り中の音楽家に、ずいぶん白い目で見られたが、ぼくには彼らの気持ちが、わかりすぎるほどわかるのだ。

とにかくこの連中を、利用することにした。

汚い学友会の部屋に何人かの作曲家の卵どもを集め、二人で交互にとうとうと、理想をぶった。

「学生の、学生による、学生のためのオーケストラをつくろうじゃないか」

リンカーンの真似をしたこのキャッチフレーズがうけた。

「学生オーケストラのみんなは、週に二時間しか授業がない。これでは、年に二曲ぐらいしか、シンフォニーを勉強できないじゃないか。卒業したらどうなるんだ。オーケストラに入れてもらっても、シゴトにならねぇよ」

「ソリストになりたいピアノ科のやつらは、年に一回だけ、『木曜演奏会』で弾くだけじゃないか。それだけの経験じゃ、世の中に出られねぇよ。本物のオーケストラと協演するチャンスをつくってやらなきゃあ、可哀想だ」

「バイオリンだって、フルートやオーボエだって、みんなホンモノのコンチェルトをやりたいんだ」

「ウタウタイはどうでもいいけどヨォ」

「まあまあ、そんなこというなよ」

「いちばん大事なのはだ、きみたち作曲科だ。自分たちの書いた音を聞けないまま卒業してどうするんだ。日本の音楽文化の将来のために、絶対にやらなきゃならない。とにかく、きみたちのためなんだぞ」

そうだ、そうだ。全員が賛成した。先生とかそんな類《たぐ》いのオトナに絶対さわらせないんだ。学校とかけあって、毎週二回は奏楽堂を使うようにしよう。練習だけじゃ何にもならないから、できたら毎月、定期演奏会をやろうじゃないか。曲を書いたら、どんどん持ってこいよ。ただし、パート譜の写譜は自分でやってこいよ。

大義名分をたくさん並べたてる。本当は、我々二人が、指揮をしたいだけなのだ。うまいこと、ダマしてしまった。

そのころすでに、「藝大管弦楽団」というのがあった。学生オーケストラとはちがい、それぞれの楽器の教授たちがトップ奏者になり、年に一回、演奏会をやっていた。もちろん指揮は、指揮科の教授だ。

現在はずいぶん改善された。というより、老害がみんな引退してしまったようだけれど、当時は弦楽器の先生の大部分が、それはそれはヒドイものだった。先生の音を、一度も聞かないで卒業していった学生が多かった。奏けないから聞くチャンスがないのだ。

そういう教授たちがトップに座り、奏くだけの格好をする。実際には学生のほうがずっとうまいのである。

指揮の老教授は、練習でみんながうまく演奏できないと、

「しっかり、しっかり！」

というばかりだった。

たしかに言い得て妙であり、シッカリやればよいわけだけれど、「シッカリ」と「奏く真似」に従わなければならない学生たちの欲求不満は大きかった。だから、「学生の、学生による、学生のための」は、少なくとも学友会の自治メンバーたちには、大ウケにウケたのだった。

「名前をどうしようか」

「ノガミ・フィルはどうだ」

「そんなのオカマの集まりみたいじゃねぇか」

そのころは、暗くなると、上野の山にはオカマがウヨウヨいたのだ。

この際、自治意識に燃える連中の心をコチョコチョやればいい。

「どうだい、『学友会交響楽団』にしないか」

みんなが、パチパチ手を叩いた。名前なんて、ナオズミとぼくには、どうでもいいことだった。

そこまではよかった。二人で早速なぐり書きの大きなビラを何枚も作った。

例のリンカーンもじりのキャッチフレーズを大書し、発足の意義を簡単に書き、第一回の練習日と時間を貼り出した。

教務課とかけあった結果、奏楽堂を毎週二時間ずつ二回使わせてくれることになったが、学校側当局が正式に使用しない時間帯に限られていた。朝七時である。そんな無茶な、と憤慨したが、仕方がない。

「次週の火曜朝七時、『学友会交響楽団』の初練習、堂々開始せまる!!」

こういうのを学内中に貼って歩くためにも、一枚一枚、学校当局の許可のスタンプが必要なのだった。

スタンプをもらいに行っているとき、運の悪いことに、ぼくたちがいちばん軽蔑していた、老弦楽器教授がいた。

「なんだ、これは。我々教授陣が演奏している、大学の正式なオーケストラが、『藝大管弦楽団』なんだぞ。『交響楽団』とは何事だ。生意気に」

「交響楽団」のほうが「管弦楽団」よりエライなんて初めて知った。ラジオでも、有名なウィーン・フィルやベルリン・フィルのことを、「管弦楽団」といっているではないか。わが日本のオーケストラは、まだそういう世界超一流よりうんとへただから、「交響楽団」といっているじゃありませんか。

これだってへ理屈である。

「『東管』というのがあるじゃないか」

たしかにあった。「東京放送管弦楽団」は、放送局の、どちらかといえば流行歌の伴奏専門の団体なのである。でもそれと、「藝大管弦楽団」は、同じでよいのだろうか。要するに滅茶苦茶な話だ。

最後に大声で、

「とにかく、その名前は許可しない。もし使ったら、教授会にかけて、お前たちを退学処分にする」

まだ音も出さない前に、こんな弾圧にあうとは思わなかった。

どっちみち名前はどうでもよいのだからと、二人でせっせとポスターを書き直した。

自治会の連中と相談する間はない。簡単に「学響」としたのだ。

ＮＨＫ交響楽団をＮ響というように本来の名前を「学響」と縮めただけなのに、そこが老教授のボケのありがたさで、

「うむ、それなら良い」

と満足してくれた。

第一の難関は突破した。

𝄽

次の週の火曜日の朝六時に、二人は奏楽堂で待ち合わせた。どうしてもやりたいことだと、われわれは、こんな早起きもするのである。

ポスターには練習の曲目を書いておいた。ベートーベンの交響曲第三番「エロイカ」である。これだって、かなり民主的な方法をとったのだ。学友会室での最初の企みの翌日、オーケストラ関係やピアノ科の女の子たちをたくさん集めて希望を募ったのである。その第一位が「エロイカ」だった。

前日の午後、図書館の人の好いおじさんを拝み倒し、「エロイカ」のパート譜を借り出した。

音楽書とかスコアなどは、期限を決めて貸し出すが、何十冊一緒のパート譜は使用する時間しか貸し出さないことになっている。もちろん教官のハンコがないとダメだ。アケちゃんはニコニコしながら押してくれた。

なぜおじさんを拝み倒したかというと、我々「学響」の練習は朝七時であり、図書館の開館は九時だったのだ。しぶるおじさんをおどして前の日にパート譜全部を出してもらった。気の弱い良い人だった。楽器係を兼ねていて、学生たちは、ずいぶん無理を言っておじさんをこき使ったものである。

石川さんといった。やれ、ティンパニーを運んでこい、譜面台を五十本出せ、このシンバルはよく鳴らないから、もっと立派なのにしてくれ……。みんなで一種のバンドボーイのように思っていたが、図書館の主任だったから、ナントカという、立派な肩書きがあったのではないか。なにしろ国立の藝術大学なのだから。

「頼みますよ、書類上は明日の九時に貸し出すことにしておくんだから。もしものことがあると、わたしのクビが……」

わかったよ、わかったよ。くどくど言う石川さんからパート譜を受け取って、奏楽堂の裏のコントラバスのケースの陰に隠した。何十人分のパート譜なんて重くて家に持って帰るのはまっぴらだった。

そんなところに隠したのを石川さんが知ったら、きっと気絶しただろう。

まだ薄暗い朝六時に、ナオズミとぼくは作業を開始した。だれもいない学部内は実に静かだった。上野の森に、こんなにたくさん鳥がいるとは知らなかった。遠くの動物園からも、様々な種類の、朝のアクビが聞こえる。

二人で、数十本の譜面台を箱から取り出しガチャガチャ組み立てて、大オーケストラのように配置した。折りたたみいすをせっせと運んできては、譜面台の前に並べる。

第一バイオリン十六人、第二バイオリン十四人、ちゃんとしたフルオーケストラの配置である。「エロイカ」の場合、フルだと七十四人編成である。

ティンパニーを運び出すのは大変だった。いつもやっている石川のおじさんを尊敬した。パート譜もそれぞれの譜面台に配置した。

七時までまだ十分ある。

前のブラームスの失敗のときとはちがい、今度は二人とも準備万端、大勉強は終わっている。あとはみなが来るのを待つばかりだ。

たくさん来すぎて譜面台やいすが足りなかったらどうしよう、と楽しくしゃべりながら、ア、そうそう、大変なことを忘れていたことに気づいた。

「オメェ、何楽章やるつもりなんだ?」

「当たり前さ、一楽章に決まってらぁ」

「バカヤロ」

二人とも「エロイカ」というと、なんといっても第一楽章がやりたいのだった。ジャンケンでぼくが勝ち、二つの楽章をそれぞれがやることにしたが、第一楽章をとられてくやしがっているナオズミのために、フィナーレは譲ることにした。つまり、ナオズミが、二、四楽章、ボクが一、三というわけだ。

七時になった。

まだシーンとしている。二人とも腹が減っているのに気がついた。もちろん、キャッスルはまだ開いていないし、大学の職員だって仕事につく時間ではない。

まあいいだろう。音楽大学の学生なんかは、正式の授業にだって、みんなだらしなく遅れて来るのだ。そのうちに来るさ。

ナオズミは、奏楽堂の客席のいすを、ペタペタ倒して、あお向けになった。すぐイビキをかきはじめた。

八時ごろ、ひとの気配がしてきた。

一般教養の授業で、この時間に始まるのもある。奏楽堂の横についている非常口のような木の階段をコツコツ上ってくる音がした。

「オイオイ、来たぞ」

ナオズミをゆすり起こした。

「ウオーッ」

背のびをして起き上がり、手を四拍子のようにふった。

ギーッとドアが開き、待望の一人が顔を出した。石川さんだった。

「あれっ、まだやってないんですか?」

「エー、まあね」

石川さんはキョロキョロステージの上を眺めまわし、奏く人間はだれもいないのだけれど、パート譜がずらりと並べられているのを見届け、さも安心したようにうなづいて出ていった。

そろそろ方々の練習室からピアノやバイオリンの音が聞こえだす。全館木造だからどんな遠くでさらっていてもよく聞こえるのだ。ピアノの音はどうでもいい。バイオリンの音のときには、チキショウメ、あのオンチ! と声が出てしまう。

九時には奏楽堂を明け渡さなくてはならない約束である。

十五分前、われわれは再度大忙しの作業を開始した。ステージの上を朝の六時のときと同じ状態に戻さなくてはならないのだ。

結局、一人も来なかった。見事なほど、だれも「学響」に、来てくれなかった。

腹がペコペコだ。しかしキャッスルに行くのはイマイマしい。すっぽかしたやつらが、レモネードなんかを飲んでいるだろう。

フル編成がそろうとは、さすがに思っていなかったが、ずいぶんたくさんのやつらが、われわれに約束したのだ。

二人は、まるで犯罪者のようにうつむき、足音をひそめて藝大の裏口から忍び出た。だいぶ歩き、美術館の前に出てから、バカ、マヌケ、オンチ、インポ……等、あらんかぎりの悪口を、曇り空に吐き出したのだった。

広小路まで行って、モーニングコーヒーのトースト付きを食べた。

次の週もほとんど同じだった。

われわれがウサギちゃんと言っていた、かわいい一年のバイオリンの女の子が、一人だけ来てくれたのである。彼女がギーッとドアを開けて入ってきたときは、二人でとんでいって出迎えて、抱くようにして、ステージまで連れていった。

本来はそんなにバイオリンの上手な子ではなかったが、そんなことはどうでもいい。オーケストラをリードする第一コンサートマスターの席に、おかけになっていただいたのである。

その朝は三人で、キャッスルの紅茶を飲んだ。

一人だけでも来てくれたのは、嬉しいことだった。

ナオズミはたちまち気が大きくなって、食堂に入ってくるバイオリンを小脇に抱えたのや、チェロをかついでいるやつに、

「ヨー、テメェ、なんだって来ねぇんだ」

と怒鳴りまくる。

ナオズミの見幕にみんなお袋やら妹やらでたらめに家族を病気にしている。こんな朝が何回か続き、要するにわれわれの不幸は、学校が許可した奏楽堂の使用時間が、いくらなんでも早すぎる、という結論に達した。

こちらが誘うと、だれもが、「うん、きみたちの棒で奏きたいよ」と約束してくれるのである。「いやだ」といったのは一人もいない。ぼくたちはいつも信じて、六時からのステージ作り、八時四十五分からのステージ解体を繰り返したのだった。

三回目からは、ポスターの趣向も、大幅に変えた。

ポスター自体は本物だった。上野の森の方々に貼ってある、美術展なんかのポスターをはがしてきて、裏を利用させてもらったからだった。なぐり書きをするのはナオズミが早かった。マジックなんかなかったから、筆と墨汁だ。だから野外には貼れなかった。雨は「学響」の味方ではない。

「みんなの『学響』ダヨ　来てネ」

「楽しい楽しいオーケストラ　待ってるヨ」

「みんなでつくる　先生なしの　大交響曲」

でも、さっぱり効果は上がらなかった。時間が悪い。朝の七時に「エロイカ」を奏きたいと思うやつなんか、いるものか。

チャンスが来た。

次の週の土曜の一時から三時まで使ってもいいというのだ。普通の日は、早朝でなくても、みんな一般教養やレッスンに忙しい。真面目な学生なんだ。われわれはそんなのに出席するより、「エロイカ」をやるほうが面白いので、面白いことに対する関心が狂っているらしい。

二人から見ての話である。

だから、土曜日の午後というのは、ありがたかった。多分アケちゃんが口添えしてくれたのだろう。

それでも心配だった。これだけ何度もステージをセットしたのに、まだ一度も指揮台の上に、立っていないのだ。

だれもいない奏楽堂で、ジャン、ジャン、ジャン声をあげて、一人で手を振るほどオレたちはアホじゃない。

どちらからともなくいいだした。

「褒美《ほうび》をとらせよう」

「そうだ、そうだ」

新しいポスターづくりである。

「ジャジャーン！　こんどの土曜日はぜひ『学響』においでヨ　十二時集合　一時音《おと》出《だ》し　十二時に来た芸術家には　一人もりそば二杯進呈」

来た、来た。

ゲンキンなやつらだ。八十五人もやってきた。

あわてて藝大の裏のほうのそば屋に電話する。85×2＝170である。褒美をとらすだけでは片手落ちだ。われわれも食わなければ。

合計百七十四杯のもりそばの出前を注文した。

小さなそば屋である。たまげただろう。昼飯時でもあるし、十二時すぎに電話してもすぐに来るわけはない。なかなか持って来ない。

ゲイジュツカは集まっているのに、こんどはそばが来ないのだ。イライラする。

だいぶたって、そば屋の出前のおにいちゃん二人が、もりそばを満載した盆をかざして、フーフーいいながら到着した。

たったの三十人分である。奏楽堂の客席にバラバラに散らばっているゲイジュツカどもに配給する。古い由緒ある奏楽堂が、そばつゆと薬味ネギのにおいで充満する。

こんな神聖な場所でものを食うとは、明治の音楽取調掛も想像しなかっただろう。

だから、奏楽堂での飲食禁止なんて規則はなかった。

出前のおにいちゃん二人は何度も店と奏楽堂の間を往復した。

客席の片すみから、「まだかあ」というゲイジュツカらしからぬ声があがる。

「うるさい、待ってろ！」

そばをのどに通しながら、ナオズミとぼくはモゴモゴ言い返す。

「食っちまったやつは、みんながすむまで、そのまま待ってろよ」

一口ごとにナオズミが怒鳴る。腹が減っては戦《いくさ》ができぬ。われわれ二人は出前の二番目の到着のとき、食べ出したのだった。

やっと全員が、計百七十四杯のそばをすすりおわってズルズルの交響楽は終わった。音出しの時間はとっくにすぎていた。一時間近く損をした。

いちばん最初の取り決めのままだったから、ぼくが先に振り出し、すぐに交代してナオズミが二楽章、三、四でまた交代、というように、やたら忙しかった。

ピアニッシモの最中に出前のおにいちゃんが盆からざるを落っことしたりして、邪魔なことこの上もない。

「代金は、三千四百八十円です」

ナオズミが第二楽章の「ソット・ヴォーチェ（静かに抑えた声で）」を一生懸命やっているというのに大声を出す。

次の楽章を待っているぼくが、

「シーッ」

と制して、小声で、

「ここにずっといるから、五時ごろ取りにおいで」

と、追い返した。

「エロイカ」は、通して演奏しただけで、四十分以上かかる。しかも、三時には奏楽堂を空っぽにしなければならないので、十五分前に演奏を終えなければならない。練習をつけることなんかできない。黙って指揮するだけで終わってしまった。

そばを食って、「エロイカ」を奏かされた連中は、そそくさと帰っていった。だれも手伝いはしない。指揮者兼楽譜係兼バンドボーイは、二人しかいないのだ。

三時きっかりに片づけおわり、がっくりした。キャッスルに行き、レモネードで乾杯した。氷などはぜいたくなものだったから、学内食堂には、少量のレモン汁に熱湯を注いだのしかなかった。フーフー吹きながらの乾杯はむずかしい。

もりそばのせいだか何だか知らないが、とにかく偉業を成し遂げたのだ。しかし、勝って兜《かぶと》の緒《お》を締めよ、である。お互いに相手の指揮を批判した。要するにけなしあいだ。

夢中になって口角泡《こうかくあわ》を飛ばしているうちに、外が暗くなりだした。

「ヨー、帰ろうじゃねぇか」

もちろん、ぼくたちは、まだ、けなしあいを続けていたい。食堂の営業時間が終わって、キャッスルを追い出されたのだ。

ガラガラっと食堂の扉を開け、内庭の図書館の前を通り、奏楽堂の真下の廊下をつっきって正面玄関のベートーベンの胸像の前を過ぎた。

「イヨーッ、オッさん、うまくやってやったぜ」

すると、ベートーベンさまがむっくり起き上がるではないか。たしかにそう見えた。ナオズミめ、本当は、ちっともうまくいかなかったのに、あんなことを言いやがるからご本尊が怒ったのだ。タタリを恐れて、ぼくは走り出そうとした。

「あのー」

「ギャッ」

声までお出しになった。ナオズミも駆け出した。声が追い駆けてくる。

「代金なんですがー、三千四百……」

そば屋のあんちゃんだった。ベートーベンのお化けよりはこわくなかった。

「アラヨー、ごめん、ごめん。こんなとこにいたのか」

二人ともすっかり忘れていたのだ。ぼくは小声で、

「おまえ持ってるか？」

とナオズミに聞いたが、返事をしない。

ぼくは外のオーケストラで、わんさか稼いでいたし、ナオズミにも映画の音楽の仕事がたくさんあった。ところが、宵越《よいご》しの金は持たない、なんて威勢のいいわけではなかったが、二人ともなぜか稼いだ日、家に戻るまでに一銭もなくなってしまうのだった。しかもこの日は、荻窪の自宅から上野まで、タクシーで来たのだった。寝坊したから、ではない。指揮者として威勢よく奏楽堂にのりこみたかったからである。もっとも着いてすぐ、まずバンドボーイだったけれど。

ぼくは、帰りだって、今日の祝いは、ナオズミにたかることに決めていた。心配になって、もう一度聞いた。

「ナオズミよー、ネカあるだろう?」

こんどは大きな声で威張っている。

「ウンニャ!」

さあ大変だ。ベートーベンさまの前を再度通り、そば屋のあんちゃんを学内に誘導した。公園を通って上野までの道は長すぎる。不利である。このあんちゃんは足が速そうだ。土地勘の詳しい場所がいい。

「あっちへ行きな。ここは暗いから、売店の前で払ってやらあ」

ナオズミが暗い廊下を歩きだし、スピードをアッチェレランド（だんだん速く）して、オルガンの機械室のほうに駆けこんでいった。

あんちゃんは、

「あのー、あのー」

と呼びかけながら、ナオズミが消えた暗いほうへ走る。この瞬間、ぼくはすっと教務課の角を左へ曲がり、ぬき足さし足、奥を右へ曲がったつきあたりの、打楽器の練習室に向かう。百七十四杯のもりそば運搬にはあんちゃん二人でも間に合わなかったが、集金には一人でよいわけである。これがぼくたちには、幸いした。

ナオズミを見失って急いで戻ってきたあんちゃんは、薄暗い廊下の先をぬき足さし足で急いでいるぼくの後ろ姿を発見したらしい。ぼくは懸命に走り出す。

その途端、とってかえしてきたナオズミが、

「ヨーッ、にいちゃん！」

と呼びかける。

我々の陽動作戦はうまくいった。相手は一人、こちらは二人、一人がつかまりそうになると、もう一人が、後ろからあんちゃんの肩をたたいたりして、混乱させる。すれちがったとき、ナオズミは、

「あっちで」

とひと声発した。わかっている。いつも二人ですわりこんでダベっていた場所があ

った。そこのことなのだ。

勝手知ったる藝大の中、学内が完全に暗闇になるまで鬼ごっこを続け、あんちゃんは何かわけのわからぬ捨てゼリフを残して、校門から出ていった。真っ暗な静けさの中で、足音のディミニュエンド（だんだん弱く）を確かめ、われわれは予定の場所でおちあった。

それでも、すぐに出て行くのは危険である。待ち伏せしているかもしれない。つかまったって二人とも金を持っていないのだから、ちっともかまわないのだが、ゲイジュツカは暴力反対なのだ。

三十分ほどじっとしていて、

「もういいじゃねえか」

もう閉まっていた裏門をのりこえ、ゆうゆうと美術館前を通りながら口笛を吹いた。ブラームス第四番の失敗の後とは大違いである。凱旋《がいせん》行進だ。

昼のもりそば二杯から暗闇まで、熱いレモネード以外、何も口にしていなかったのに気がつく。

「オイ、ダワのところへ行こうか」

「うん」

目白まで電車賃はあった。岩田というナオズミと同級の作曲科が目白の駅の近くに下宿していた。汚い木造で、下がバレエの練習場である。

上に三畳の小部屋が、細い廊下の前に、四つ並んでいた。我々は何かというと、こいつの三畳間に、ごろ寝をしていたのだった。

あだ名をダワといった。北海道の、多分、遠軽《えんがる》の生まれだったと思うが、語尾に必ず、……ダワがつくのだった。

「オレな、きのうはりこんで、天丼を食べちゃったんダワ」

という調子である。

「東京は、どうもあずましくなくって、落ち着かないんダワ。遠軽の町からちょっと離れると、キタキツネがウジョウジョいるんダワ」

「あずましい」とは、何のことかわからなかったが、とにかく、ダワ、ダワ、ダワ……なのである。

ダワはわれわれよりかなり歳をくっていたが、気が弱くお人好しだった。ダワの三畳下宿で、片隅で迷惑そうにうずくまるダワを尻目に、今日の「エロイカ」のお互いのけなしあいで徹夜した。

そば屋事件から三十年以上たち、まるで天啓のように思い出した。あのそば代はどうしたのだろうか。ぼくには払った覚えがない。

ナオズミに会ったとき、たずねた。

「おまえ、あの後で、アレ、払ったのか?」

「ウンニャ」

もうどうしようもない。

そば屋のオヤジが、藝大に怒鳴りこんだということは十分にあり得る。あんな大量の出前は店始まって以来のことにちがいない。舞台の中央で手を振り回していた二人の若者は、といえば、われわれ二人に決まっている。

もしかしたら、あのアケちゃんが、黙って払っておいてくれたのかもしれない。

capriccioso　酔っ払った用心棒

次の週からは、練習の時間がふたたび朝七時に戻った。が、二週間に一度ぐらい土曜日の午後が使えるようになった。

もりそばを食っていってしまった連中も、それだけで一飯《いっぱん》の恩義を感じたとは思えないが、朝早くの練習に参加する人数がかなり増えるようになった。それでも、四十人も来てわれわれが喜んだ次の練習は十人だったりすることもあったが、最初のころのゼロに比べれば、御《おん》の字である。ポスターも必要以上のことを書かなくなった。

公約を果たすために、ピアノコンチェルトをやることにした。これはわれわれに好意的だったピアノ科の教授に相談し、彼の推薦する弟子が最初のソリストになった。

なんとも無愛想な女の子で、ほとんどなにもしゃべらなかったと思う。彼女の声を全く覚えていない。

藝大はやはり国立の音楽大学であって、入学試験がむずかしかった。

桐朋《とうほう》学園はまだ出来たばかりで、当時はまだ短期大学だった。それも、齋藤秀雄《さいとうひでお》先生たちが、優秀な子供たちを集めて、「子供のための音楽教室」をつくり、その子らがだんだん成長するに従って、中学、高校というようにのびていき、生徒たちが大学生の年齢に達したので短期大学にしたのである。

すぐに短期大学の二年はすぎて、四年制の大学になったが、この物語のころは、まだ短期大学だった。

ぼくはよく知らないのだが、中学、高校制をつくるときに、普通の学校だった「桐朋」の中に音楽科を持ち込んだのではないか。だから現在でも、正式な名前は「桐朋学園大学音楽学部」である。だれでも「桐朋」のことを音楽学校と思い、そればかりが有名だけれど、立派な演劇科も持ち、正式な総合大学なのだ。

桐朋の第一期生が、小澤征爾《おざわせいじ》、本荘玲子《ほんしようれいこ》、江戸《えど》京子《きようこ》さんたちである。

優秀な子どもたちを集めた桐朋は別にして、藝大以外の他の音楽大学の入学は、かなりやさしかった。

ぼくたち藝大生は、だから、藝大に入れないからどこ、そこにも入れないからあそこ、というように、これはこれで、差別をしていた。つまり、才能はもちろんだが、藝大にはものすごく勉強していなければ入れなかったので、そういう意味では、藝大にはブスが多かった。

音楽が好きで、音楽家になりたいと気軽に憧れるようなオジョウサマたちは、他の音楽大学に多くて、特に声楽や合唱科の女の子たちにかわいいのが多いので、合唱付の曲を演奏する場合、東京中のオーケストラのガクタイどもは、ハーモニーのクオリティーはそっちのけで、藝大以外の大学合唱との協演を喜んだ。

われわれ「学響」の最初のソリストは、こういうわけで、藝大的の典型だった。彼女はベートーベンの第三協奏曲を希望した。すでに「エロイカ」があるのである。どうせならオール・ベートーベンのプログラムにしようということになった。それなら最初に「序曲」が要る。「エグモント」をやることにした。

さあ大変だ。指揮者が二人いるのだ。二ヵ月に一ぺん、定期演奏会と称して続けていくつもりだったが、本当のところ、いつショボってしまうのか分からないのである。だからたとえば、最初の回がナオズミ、次がぼく、というような心配なことは計画できないのだ。一人だけがやって次がなくなれば、パーである。

指揮者が二人ということは、プログラムを二つに分けるということだ。つまり前半と後半である。ナオズミとの壮烈な戦いが始まった。

これはジャンケンなどでは決められない。重大な問題だ。あくまで話し合いでやろうということになった。

しかし話し合いで解決するわけがない。二人とも「エロイカ」を指揮したいのだ。ブスとのコンチェルトはいやだ。

結局話し合いはつかず、まだほとんど飲んだことのないウイスキーを、どっちが早く多く飲めるかで、決着をつけた。ジャンケンのほうがずっと健康的だったと思う。

ぼくが負けた。そのかわり、ぼくの強硬な要求で、短い「エグモント」のかわりにモーツアルトの交響曲第三九番を冒頭にやることになった。

プログラムとしては長すぎる。「定期演奏会」といっても切符を予約販売するわけではない。第一、切符というものが存在しないのである。やる、やるといって歩いたら、学内のヒマなのが何人かは聴きにくるだろう、というわけだ。

美校生たちが案外たくさん興味をもって聴きにくるかもしれない。いや、見にくるのだろう。藝大、藝大とけなしても、ときどき偶然のようにかわいい子がいるのだから。

美校生たちは、よくモデルになってくれと甘言《かんげん》を弄《ろう》して、バイオリンやピアノの女の子たちをデッサン室に連れ込むのだった。

あなたの手は美しい、ぜひボクの彫刻のモデルに、なんていわれると、ウヒウヒとついていってしまうから腹が立つ。

それに、行ったこともないので、デッサン室のモデルという語感は、音校の男の子には、密室でヌードというイメージになってしまう。

ひときわ汚く、バンカラ風な美校の連中がドヤドヤこっちにやってくると、ぼくたちは神経をとがらせたのだった。

美校の食堂のほうが、音校の食堂よりずっと安かった。キャッスルでは、どんぶりのごはんとみそ汁で二十円だとすると、あちらは十五円、というふうだった。われわれは金がないとき、美校のほうに行ったが、わざわざ高いほうに押しかけてくるのには何か目的があるにちがいなかった。

練習が調子に乗ってくると、交代し終わってそばで見ているぼくはいつもハラハラするのだった。ナオズミはまるで、映画の中の名指揮者のようにふるまうのである。

つまり、怒鳴りまくるのだ。

うまくいかないと、ドーンと指揮台を踏み鳴らし、

「やる気のないヤツは出て行け！　オメェなんか帰っちまえ！」

もりそばなんかもう出していないのである。よくもあんなことが言えたものだ。でも帰るやつはいなかった。

ナオズミの「エロイカ」では、もちろんぼくがティンパニーをたたいた。学外ではプロであるぼくが中でオーケストラを引き締めるという目的もあったが、ぼくだけが、演奏の義務を持つことは、なんとなく損な気がした。

ナオズミは器楽の専門ではないから、その義務がない。らっぱをペラペラ吹いたが、ちゃんとした演奏とは別もので、あまりにマンガチックなため、吹かれては困るのである。

第一回の音楽会は、なんとかうまくいった。客も、案の定、美校生が多いのが不満だったが、とにかく満員の感じだった。

終了後、全員がキャッスルに集まって紅茶とケーキ、だった。スポンサーはブス独奏者だったから、支払いの心配はない。

それから自治会の作曲科の連中と繰り出した。

今日は喫茶店のはしごはやめよう。一人前にのみ屋に行こう。といっても、屋台みたいな焼き鳥屋である。

ぼくなぞはすんなり入学したわけだが、ナオズミのように、声オンチでドッぺったやつもいる。何浪もしたのもいるし、この作曲科の連中の中にはいなかったが、ぼくの同級の声楽であだ名を「部隊長」というのがいた。四十歳だった。実際に戦争中部隊長だったからである。どんな規模の部隊だったか知らないし、本当は分隊長だったかもしれないが、貫禄があった。

ぼくもナオズミも、焼き鳥屋で焼酎というのは初めてだった。

何浪の作曲科が威勢よく、

「ショウチュウ！」

と怒鳴った。

コップに山盛りの焼酎が出てきた。受け皿と一緒だ。こうするんだ、といってそいつは、まずひと口すすり、すでに受け皿にだいぶこぼれているのを、コップに注いで表面を平にし、受け皿に残っているのをうまそうにすすった。

現在のように、チューハイなんていう、ギャルの好むような、なまっちろいものではない。焼酎の生《き》の梅割りである。

焼き鳥が出てきた。

五、六本食べたころ、またそいつが、こうやるもんだ、と低い声でいって、模範を示した。三本に一本ぐらいの割で、焼け焦げた串を下に落とすのだ。

後の勘定で、全然効果がなかったので、それからはこの伝統には従わないことにした。

みんなが口々にわれわれをほめる。

「モーツアルトの二楽章をあんなにまでうたわしたやつは、これまで日本にいなかったぜ」

「エロイカの最後のコーダの迫力のすごかったこと、みんなもう速すぎて、弓が動かなかったじゃないか」

大げさだったり、ピントはずれだったが、うれしく焼酎を飲《や》ったのだった。

解散し、二人はダワの目白の下宿に向かった。ダワは焼酎には参加せず、今日ばかりはわれわれを歓迎してくれるはずだった。みんなの前では、ほめられる側として、謙虚にニコニコしていただけだったが、御徒町のプラットホームから始まった。

「おまえのあのテンポは、メチャクチャじゃないか」

「オメェの伴奏こそヨー、ドシロウトっていうもんヨ」

慣れぬ焼酎が入っている。目白までずっと二人はわめきつづけた。

「ウサちゃんはヨー、かわいい顔で奏いてたよなあ」

二回目の練習のとき、一人だけ来てくれた子のことである。いちばん後ろで奏いていた。

「おまえ初めて振ったのに、よくそんなことまで見たもんだなあ。オレなんか何が何だか何も見えなかった。だけど、キャリアだけってもんでもねぇからな」

すぐこうなる。

ダワの三畳下宿に着いた。彼は三畳の隅に小さくなり、体を堅くして正座していた。うつむいて恐縮しきっているのである。部屋の真ん中に、女の子が足を投げ出してすわり、ゲラゲラゲラゲラ笑っているのだった。ぼくのガールフレンドだった。

二階なのに屋根裏じみていて、天井は屋根そのもので斜めだったから、廊下と反対側は座っていても天井に頭がつくのだった。そこに唯一の押し入れがあった。

彼女は先回りして、われわれをダワの下宿で待っていたわけだが、ダワより先に着いてしまったのだ。そこで、北海道出身のやせたクマをびっくりさせてやろうと、押し入れの中に隠れていたのだそうだ。

ダワが帰ってきて、彼女は押し入れの中から、ワッと飛び出した。驚くはずだったダワはちっとも驚かず、途端にヘナヘナとうずくまり、そのままこうやって正座してうつむいているというのだ。

彼女のほうが、むしろこのダワの態度に笑いながら驚いていた。

わけを聞いても、彼はますます身を縮めるだけなのだ。

ひとしきり騒いで彼女が帰っていったあと、ダワがボソボソしゃべりだした。

「オレもう、どうしていいかわかんねえんだわ」

「ヨーヨー、何やったんだ。オメェ強姦しそこなったのか」

こんどはぼくが怒る。

「なにいいやがるんだ、このバカヤロ！」

「オレはな、清潔な性質《たち》なんよ。サルマタを三十枚持っているんだわ。一日に一枚ずつ変えてって、三十日たつとまたナンバー1にもどるわけ。この下宿に来てから、そのローテーションを繰り返しているんだわ」

清潔感とやらはいい。だが彼は一日穿《は》いたら脱ぎ、一ヵ月後の循環まで、そのまま押し入れに放り込んでおき、几帳面《きちょうめん》にそのローテーションをくりかえしていた。つまり一度も洗ったことがなかったわけである。汚いふとんが押し込んであるのはともかく、何も知らない彼女は、押し入れの隅の、一度も洗ったことのない三十枚のサルマタの上に、喜々として隠れていたのだ。

「バカだなあ、オメェはヨー、ギャハハハ……」

ぼくはガールフレンドが、この汚くて臭い小さな押し入れの中に長いこと隠れていたかと思うと憂鬱になったが、腹は立たない。ナオズミと長いこと笑いころげていた。ダワは、今日の「学響」の大成功のお祝いだといって、押し入れからビールびんを一本取り出した。ふとんもサルマタも、何でも一緒に入っているのだ。

彼女は偶然、用事があるといって早く帰っていった。ぼく自身はもちろん、彼女がいてくれたほうがよかったが、もしそうだったら、ダワの生まれて初めてのビールのおごりに、ありつけなかったわけだ。

生ぬるいビールだ。並んでいる三畳下宿の誰彼から借りてきたのだろうか、汚い三つの茶呑み茶碗である。みんな柄、大きさが違う。乾杯しようとしたが、ほとんどできなかった。

長いことふとんやサルマタや彼女と一緒に押し入れに入っていたので、栓を抜いた途端にボワーッと泡が吹き出し、ほんのちょっとしか茶碗につげなかったのだ。でも、乾杯した。

「まあ、おめでとう」

「ワーイ、ワイ」

「ギャオーッ」

二人は、もう疲れ果てていて、そのままゴロリと、あお向けになって寝てしまった。

❦

目が覚めた。われわれが寝ている間、さっきのことをずっとクヨクヨしていたのだろうか、ダワは、まだ同じ姿勢をしてうつむいている。

「腹が減ったゾーッ」

ナオズミが叫んだ。生まれて初めて、ひと前で正式に指揮をしたのに、焼き鳥数本ではたしかにもう、エネルギーがなかった。

「行こう」

それだけで、行く先はわかっている。

目白の駅を降り、学習院とは反対の左のほうに歩く。五十メートルぐらい行って、左側に「やぶそば」があった。

そば屋の横に路地ともいえぬほどの細い抜け道があった。かなり急な坂になっている。家二軒分ぐらい下りると、かろうじて車が通れるくらいの細い道があり、正面に「ルーエ」という喫茶店がある。

その裏の貧乏バレエスタジオの上に、ダワの貧乏下宿があるのである。

「ルーエ」の筋向かいには「白鳥座」という小さな映画の三番館があった。

「やぶそば」に三人は入った。繁盛してだいぶ稼いだらしく、そば屋のくせに寿司のカウンターを新設した。

「オレは、きょう金たくさん持ってるからヨー、あっちへ行ってるからナー」

薄情なやつだ。いまいましい。ぼくはこの日、またお金を持っていなかった。さっきの焼酎と焼き鳥の割り勘を払ったら、残りが四十円だった。そのうち十円で御徒町から目白に来た。残りは三十円だ。

「もり」をとることにした。ちぎったのりをちょっとばかり載っけているだけでざるは三十円である。これだと一銭もなくなる。

緊急のためには十円ぐらいは持っていないと困るのだ。

ダワはというと、有り金が二十円だった。もちろん「もり」だ。明日は明日である。

こいつは三十メートルも行けば、自分の三畳があるのだ。

寿司のカウンターのほうを見ると、ナオズミがいちいち大声でお好み注文をして、バカバカ口に放りこんでいる。くやしいが仕方がない。

前の日、初の「学響」演奏会を前にして、二人はアケちゃんからいろいろ忠告を受けた。先生は心配なのだった。うるせいな、もうわかってるよ、と思いながら、二人ともハイ、ハイと素直に聞いた。

もう終わったと思ったら、アケちゃんは、それまでの何倍も真面目な顔になった。

「きみたちにぜひ言っておきたいことがある。二人ともいつも一緒に勉強したり、騒いだりしていて、とても良い友だちだと、僕もうれしい。良い友だち同士だからこそ、お金の貸し借りはやめなさい。きみたちを見ていると、そこんとこがメチャクチャだと思うのよ。僕はね、親友にお金を貸したことでその友だちを失ってしまった、という悲しい思い出を持っているの。本当にこれだけは気をつけなさい」

なるほどと思い、二人で誓い合った。これまでナオズミの金はぼくのもの、ぼくのものはナオズミのもの、だった。

「オオ、これからは何でも割り勘、貸し借りなしだよな、オメェ」

昨日の今日だから、誓いの初日なのである。だからぼくは、ナオズミがバカバカ大トロをほおばっているのを見ても、じっと我慢をしていたのだ。

「オオ、腹がいっぺえだ。帰ろう！」

なにを言っていやがる、こっちは「もり」だけなんだぞ。腹の虫が納まらないが、またダワの下宿に戻る。

帰ってからは、三人とも、いや二人は静かに過ごしたのだった。

ダワは作曲コンクールに応募しようとしていた。オーケストラを書くための大きな五線紙に、二人で手分けして、定規で小節線を引いてやった。これは作曲家にとってはいちばんいやな作業で、しかも逃げられない作業である。

大編成だから、ダワの指示に従っていちばん上から木管のための五線が六本、一段あけて金管に七本、また一段あけて打楽器に……というように、面倒臭くてつまらないことなのだ。しかも、上から下までの小節線は、きれいに一本に通っていなければならない。

線の引き終わった五線紙にダワは音符を書きこんでいた。草稿の汚いのから清書している。

ときどき、二人がのぞきこんで口を出す。

「ダワ、オメェ、ホルンはそんなに高いところじゃあ音が出ねえよ」

「そこのアクセントに、木琴のトレモロを入れちゃえよ」

ダワは時にはいやそうな、時にはうれしそうな顔をして黙々と書き込んでいる。後にダワは、一等賞を取った。われわれは、線がきれいだったからだ、と大喜びしたものだ。

だいぶ遅くなった。

「おまえたち、悪いけど、今日はもう帰ってくれないか」

二人は、怪訝《けげん》な顔をした。

「曲の先の方を、もっと考えなきゃならないんだわ。な、頼む」

「しょうがねぇなー、行こう」

「うん」

といいながら、ぼくはハッと気がついた。終電にはまだ時間がある。荻窪のうちに帰るまで、荻窪駅から二十五分歩くのはいいにしても、電車賃は二十円だ。バスはもうとっくにないから諦めるにしても、ぼくは十円しか持っていない。

「オイ、十円貸してくれよ」

「いやだ」

「そのくらい、いいじゃないか」

「だめだ。オメェを失いたくない」

「そんなこと言ったって……」

「アケちゃんにいいこと言われただろう」

「それはわかってるけどさ、そのくらいなんとかしろよ。おまえ昨日稼いで何千円も持ってるじゃねえか」

「オマエという親友を失いたくないから、絶対に貸してやらない」

しまいにとっ組み合いになった。ドタンバタンで、汚い湯吞み茶碗はひっくり返る。隣の三畳が、「ウルサイ」と怒鳴る。

「貸せ！」

「オメェが大事だ！」

ついにダワが、大声を出した。

「出てってくれ。オレがここを追い出される、出てけっ！」

通りに出た。ドタバタやっていなければ、東中野まで歩いて、あとは十円で荻窪なのである。だがその電車ももうとっくに終わってしまっている。

「おまえのうちに泊めろよ」

「困っちゃうなあ。今日ばかりはダメなんだ」

住宅事情の最悪のころである。ナオズミには兄弟が多く、家が狭いうえに親類が上京してきていて、今晩はみんな重なりあって寝ているというのだ。

「オレ、金を持ってるからタクシーでおまえのうちまで送っていってやってもいいんだけど、これも良くないと思うんだ。友情が大切だもんな」

ぼくは憮然《ぶぜん》としている。

「そうだ、オメェんちまで歩いていこう。寂しいだろうからな、ただで送ってやるよ」

目白から荻窪まではかなりの距離である。

明け方、家についた。

そのまま一週間、ナオズミはぼくの部屋にいつづけた。仕事や学校に行って帰ってきても、ナオズミはぼくのベッドにゴロンとしていた。やつも毎日どこかに出かけてはいたらしいが、なぜかぼくより先に帰っているのだ。うんざりした。

そしてこれで、アケちゃんの教えはさっぱり忘れ、オメェの金はオレのもの、の平和の同志に戻ったのだった。

友情のためのケンカは一日だけだった。

〜

音響学の講義は人気があった。田辺尚雄《たなべひさお》教授は、音響学の最高権威で、しかし、講義の内容はおもしろい猥談が多く、女子学生たちも大勢単位をとっていた。猥談というより江戸小話といった趣《おもむ》きで、明治の人の粋を感じさせた。単位には関係なく、ボクが最も多く出席した講義だった。

受講者が多いから、大きい教室が使われた。例の十六番教室である。教授はもうかなりのお年で、よく声が通らなかったから、前の方に座るのが大事なことだった。

もっとも、ナオズミもボクも、ギリギリの時間に入ったから、いつも後ろの方に座っていた。

よく話が聞こえないので、いちばん面白そうなところだけ、耳に手をあて、あとは二人でしゃべってばかりいた。

「天国と地獄」序曲の、どこかの部分の、アウフタクトをどう振るかで、大議論になった。講義中だなんて、忘れてしまう。

なんでまた、「天国と地獄」なんていう曲の話になったかわからないが、とにかく、第四拍をパッと振るか、ふわっと振るかが問題だったのだ。

「そうじゃねえよ、オメェ。こうやるべきだ」

ナオズミが手をパッと動かす。

「ちがう」

ぼくはふわっとやる。

机を前にしていると、指揮の格好はできないものである。しまいには、交代に立ち上がって、パッ、ふわっと、やりだしたのだった。

夢中になっていたら、学生たちがみんな後ろを振り向いている。教授が、われわれに何か言ったらしい。

「ハ？」

「そこの二人、うるさい、と言っているのだ」

スミマセンと頭を下げて座りなおし、しばらくはおとなしくする。

「だけどヨー、やっぱり……」

また始まる。

何回目かの注意のあと、教授にびっくりするような大声で、

「その二人、立ちなさい！　こっちに歩いてこい」

と怒鳴られて、仕方なしに照れ笑いしながら、教壇の方に歩いていった。

「壁のところで、立っていなさい！」

教壇の真横の、大勢の学生で埋まっている教室の最前列で、一時間立たされた。考えてみれば、われわれは大学生なのである。小学校のころは、こういう経験はよくあったが、さすがにこれは恥ずかしかった。

立たされながら、

「でもやっぱり……」

と、右手が動きだす。片方が「シッ」と止める。こんどは止めた方が、ふわっとや

りだす。

　また怒鳴られた。

「両手を下に下ろしていなさい！」

　満場の学生が、ドッと笑う。指揮科の学生でもないのに、と余計おかしかったのだろうが、指揮科だったら、「天国と地獄」の一拍だけにこんなに夢中にならなかったかもしれない。

「学響」の音楽会のたびに、二人の仲の良い、そして険悪なケンカが繰り返されるのだった。

　まず、曲目の選定である。

　われわれの「定期演奏会」は、いつも二人で指揮していたわけだが、一回ごとに前半と後半の分担を交代することにしていた。

　なんといっても、後半はトリである。トリをやることになった方は、豪快で派手なシンフォニーをやりたがる。これは当然だ。

　トリでない方が苦心をすることになる。最後をかっさらわれるのは仕方がないにしても、みすみす前座はいやである。前半で客をひきつけ、後半をかすませたい。

　いきおい、もっと派手な曲を選ぼうとする。後半の分担者が抗議する。

「そんな曲を先にやられたら、オケがくたびれちゃうじゃないか」

派手な曲は、やはり演奏がむずかしい。

「むずかしい曲の練習に時間をとられちゃって、シンフォニーがちゃんとやれねえよ」

オーケストラとの、練習の時間帯のとりあいも大変だ。とにかく何がなんでも、自分を有利にしたい。

音楽会を交代で、一人ずつ振ることにすれば良いのだが、そんなにしょっ中やれるわけではないので、一回おきにしか振ることができないのが、寂しくてつまらない。だから争いの連続だったのだ。

練習が終わったあとも大変だったが、本番の後は、もっとすごかった。けなしあうのだ。

「おまえのあのテンポは何だ」

「オメェ、ぜんぜんクライマックスが、作れねえじゃないか」

「おまえ、やっぱり指揮の方はあきらめろよ」

「オメェこそ、タイコだけ叩いてりゃいいんだ」

いつもこうなので、本番の後は、下宿への出入りをダワに禁じられていた。何時間も大声でやりあうので、これは彼の生活の危機だったのだ。

しようがない。どこか近くの喫茶店でやる。まわりの客にうるさがられる。

あきらめて、目白から新宿まで行って一杯飲み屋でやる。だがこういうとき、二人は酒を飲まなかった。酒の上の話にしたくない。もっと真剣なことだったのだ。やがて店が閉まる。追い出される。話はまだ終わっていない。第一、終わるはずがない。

けなしあいだけではなくて、建設的な忠告のやりとりにもなる。だが結局は同じである。つまりケンカだ。

もう行くところがない。しかし、まだ話していたい。どこへ行ったらいいか。温泉マークに行った。後に名前は変わって「連れ込み宿」になったが、現在のラブホテルである。

しかし、たいていは断られた。二十歳ぐらいの男二人では、アヤシまれたのだ。そういう専門のところがあるといわれて行ってみる。何やら怪しげな雰囲気である。そんなことはかまわない。テンポ、解釈、指揮の仕方で、口角泡をとばす。怒鳴りあう。

隣の部屋から、すごいダミ声で、

「そちらのお二人さん。ちょっとうるさいわよ。静かにしてちょうだいな」

気持ち悪かった。しかし、すぐ忘れてしまう。

朝、ホモ宿を出るとき、廊下でいかつい大男二人に、ジロリと見られて、縮みあがった。

でも、幸いなことに、口説かれたりしたことはなかった。二人とも、そのタイプではは全くない。

「ヨー、オメェ、これからは言葉なしで話し合おうじゃねえか。表現力を増すためヨ」

ナオズミが、突然新しい提案をした。

そりゃあ、いいことだ。ぼくは大賛成した。なにしろ手だけで音楽を表わそう、という未来を持ちたい二人なのである。

何もかも、両手の会話だけになった。

もちろん、指揮というものは、手を振るものではあるが、それは水面上に出ている氷山の一角にすぎない。全身が表現の発射体であるのはあたりまえ、しかし、もっとも重要なことは顔の表情である。特に目だ。

だから二人の手話は、両手の動きもさることながら、もっぱら顔つきだった。

例によってダワの下宿を追い出され、荻窪のぼくのうちに行くことになった。

ダワは、大声のほうがまだましだ、とブツブツ言った。

「気持ち悪い、そんなのはやめてくれ。たのむ、出ていってくれ」

目白から新宿乗り換えの中央線である。

ベートーベンの交響曲第五番「運命」の第三楽章のトリオに入るとき、そのアウフタクトを長めにするか、短かめにするか。

この話題を持ち出すだけでも、手と顔だけではモーレツな難事である。だが、われわれは、指揮の道のためなら、絶対に通らなければならない関門だと、固く信じたのである。

電車の中で、一生懸命やっていると、他の乗客たちにジロジロ見られて、邪魔になる。だから、連結器の、ペコペコ動く鉄板の上で、ジャバラみたいなのにもたれて、向かい合って熱心にやっていた。

中央線は、ガラガラにすいていた。連結器の上の必要はなかったが、もうそこが定位置だった。

高円寺を発車したとき、乗り込んできたばかりの男が、客車の向こうの端から小走りにやってきた。さかんに両手を動かしている。手を組み合わせたり、一方のひじを、もう一方で空手チョップしたり、見たこともない動作だった。

「オイ、大変だ」

思わず、言葉が出た。

「逃げよう、ホンモノだ！」

われわれは真っ青になって次の車両に走り、阿佐ケ谷駅に止まったとき、プラットホームに飛び下りた。

それでも恐くて、改札口から出てしまった。二人とも、ハーハー息が切れていた。

「こわかったなあ、何か話しかけてきたらしいけど、おれたちには全然わからねえよな」

もうとっくに指揮ばなしはやめていた。

「ほんものの人に、悪いことしちゃったなあ」

「でもナー、あの人がほんものだったらオレたちのデタラメがすぐにわかって、ああやって手で話しかけて来たりしねえんじゃないだろうか」

「ウーン」

用もない阿佐ケ谷の駅前でコーヒーを飲んだ。長いこと二人で黙りこくっていたのだった。

そういえば、あまりのびっくりで、ぼくは切符を渡さずに改札を出てきたのに気がついた。ナオズミはいつもそうだったが、彼の無賃乗車の極意がわかったような気がした。

毎年、十一月三日の文化の日が藝大の藝術祭だった。一般の大学なら学園祭とでもいうのだろうか。あるいはそれぞれ自分の所だけの名前があるのかもしれない。東大の五月祭のように。

方々の教室が、いろいろな店になった。

ナオズミとぼくにとっては、メインはもちろん、初日の「学響藝術祭特別演奏会」である。だがぼくたちの根城は、十六番教室というかなり大きな部屋で開店する「VIVO《ヴィーヴォ》」というバーだった。

バンドの生演奏もあるのだ。結局は自分たちで、店のものをほとんど飲んでしまい、毎年赤字を背負うはめになったが、にぎやかな教室だった。

藝術祭は一日だけでなく、三日間続く。二日目の一番混んだときに、ビールが品切れになった。

客の中に一年下のテナーがいた。歳はかなり上だったけれど、とにかく学年は一年下なのだ。藝大に入る前に、コンクールの一位の文部大臣賞をとっていて、すでに学外でかなりのスターだった。技術専門学校では、スターがやはり親分である。子分どもをたくさん連れてのりこんできた。「ＶＩＶＯ」は器楽科中心だったので、ウタウタイどもはあまり歓迎したくなかったが、客は客である。

折も折、ビールが切れたのだ。

「おーい、ビール持ってきてくれんかのう」

子分がわめく。

親分のスターのためなのである。

てやんでえ。しようがないからだれかが走っていって、他の店からビールを仕入れてきた。

ウタウタイどもはよく飲むのである。たちまちなくなる。

売り上げが増えるのならよいけれど、酒屋から買ってくるのではないのだ。よその教室から買ってきて、それを同じ値段で売るのだから、労働が増えるだけだ。ばかばかしい。

「ウタウタイってのは、頭が空っぽじゃないと、声が響かないんだ。その中に、ビールが入りこんでいくんだろう」

バーテンをやっているやつが、はきすてるように言った。

さっきの、田舎っぺの子分がまたどなった。その横に用心棒みたいなのがいる。みんな、スターが従えているのだ。普段はでかいテナーの声をしているくせに、子分どもへの命令は静かだ。ヤクザ映画の真似をしているのだろう。

用心棒は、卒業後、離島に渡って文化活動に専念した、おもしろい人間だった。ブラジルに渡って、まわりが三百六十度地平線の村で、音楽活動をしていたこともあった。日本の離島の絵を描く娘と一緒になり、奥さんは彼の音楽活動を支えた。いまでも画家として立派な仕事をしている。

バーテンの疲れ方を見かねて、ぼくはバンドの中から飛び出した。

「よーし、持ってきてやる。一本だけだぞ。それでおしまいにしろよな」

親分は静かに、

「もういいじゃないか」

と子分どもをたしなめている。

「いやいや、あんたのためだぜ」

用心棒はますます大声である。

ぼくは、空ビンを持って「ＶＩＶＯ」を出た。

「来い！」

バンドのピアノのナオズミを連れ出した。

便所に直行する。こっちだってかなりビールを飲んでいる。二人で大ビンをいっぱいにするのは簡単だった。

「おーい、持ってきてやったぞ」

「オーッ」

用心棒は受け取り、親分に差し出す。

「本当におれはもういいから」

「そうかい、悪いな」

用心棒はいきなりラッパ飲みした。

ゴクゴクと喉が二回鳴った途端、

「ゲーッ」

と叫んだ。

残念ながら声だけで、液体はもう胃の中である。

ビンを投げ出し、われわれ二人に向かってきた。

教室から飛び出しながら、

「バッキャロ！　ビンがあったけえぐらいわからねえのか」

二人で逃げるのは慣れている。また例の陽動作戦だ。

用心棒はビールをしこたま飲んでいるのですぐに息が切れ、ヤケになって、そばを歩いてきた女の子に、いきなり抱きついて、ブチュッとやった。

三日目、もっといやな客が大挙やってきた。断固として店に入れたくなかった。情報は、前の日にすでにあった。というより、毎年最終日のいちばん荒れるときを見計らって、汚い美校生どもが女漁りに音校へ乗りこんでくるのだ。「VIVO」の中にはかなりたくさんピアノ科やバイオリン科の女の子がいた。いつもより一生懸命、数多く集めたのだった。目当てにしてくる連中を迎え撃つためにはその方がおもしろい。

教室の入口にいすをたくさん積み上げて、バリケードを作った。

「入れてくれ!」

「もう店閉《みせじ》まいでございます」

やたらに丁寧に言ってやる。

「だって、いっぱいいるじゃないか」

「ラスト・オーダーをすぎましてございます」

バリケードの隙間から、大勢の女子音校生が見えるはずである。それが狙いなのだ。囮《おとり》たちを見て、向こうはますます猛《たけ》り立つ。

われわれ店の人間は、飲んでいるだけなのだ。

ついにバリケードを壊しだした。内側ではとられた分だけ、別のいすを積み重ねる。向こうで一つ減り、こちらで一つ足すものだから、バリケードがだんだん教室の中に前進してくる。

もうバンドはやめ、バーテンも臨戦態勢である。

バーの隅に、おびえてかたまっている女の子たちを背にして並び、ライオンに立ち向かう牡のシマウマの心境である。

バリケードが崩れ、敵は突入してきた。

「飲ませてくれって言ってるだけじゃないか」

「だからもうダメだと申し上げてるだろう」

「ビールびんがいっぱい並んでるじゃないか」

「もう、おしまいでございますよーだ」

だんだん殺気だってくる。

美校の中の気の短いやつが、

「なにーっ」

と、そばにあったいすをふり上げた。

ぼくは早口で、

「おい、やっちゃえ」

とナオズミに言った。

「オオ、やったろうじゃねえか！」

ナオズミもいすをふり上げた。

美校の方の親分格が、

「まあまあ、そこまでやることはない」

わりと静かに間に入った。

前日、われわれの小便を飲んだ用心棒が、急に大人っぽい声で、

「じゃあ、そんなわけで、ひとつ手うちといきますか」

結局、音校も美校もみんな仲良くビールを飲んだのだった。彼らが女漁り、いや、ガールハントに成功したかどうかは知らない。

このときから十数年たったときのことだが、ぼくはフランスのロワイヤン現代音楽祭で、指揮をした。フランス・ナショナル・オーケストラとシュトックハウゼンやバルトークを演奏した。リヒテルがソリストだった。

演奏会の直前、フランス国立放送の日本語課の女性のインタビューを受けた。どこの国の海外放送もそうだが、日本語の短波放送を担当しているこの女性は、プランナー、プロデューサー、アナウンサーをすべて兼ねている。インタビューのあと、

「日本にいたころ、岩城さんがテレビに出るたびに、亭主が、ア、アイツだ、と叫ぶんですのよ」

「えっ！」

「昔、音校の教室で、コイツと二人でいすをふりあげて、これから、というときに止

められてしまった。勝負がついていないままだ、といつも言っていましたわ」

　ぼくは考えこんだ。

「主人も、今晩の音楽会に参りますし、会いたがっております」

　ぼくはおびえたが、どう考えてもぼくが実際に暴力行為に及んだことはない。

　おそらく、「ＶＩＶＯ」での乱闘未遂なんだろうが、とんでもない誤解である。常にぼくはそそのかす方で、実行者はナオズミだったのだから。

　その晩、その恐しいご主人と会った。どうしてもあなただと言い張って誤解を解いてくれない。そのままパリに行くたびにつきあって仲良くしているが、いまだに酒が入ると、一度、勝負をつけましょうと、からかわれる。

　大昔のナオズミの写真でも見せれば、ぼくは無実になるだろうが、それもちょっと惜しいような気もする。

　パリで活躍している彫金家の嘉野稔《かのうみのる》さんである。

amore doloroso　恋の涙

藝大入学一次試験の発表を、ぼくは一人で見に行くことができなかった。勇気がなかったのだ。だから、兄についてきてもらった。そして発表の掲示板からはるか遠くに離れて、後ろを向いて待っていた。

ぼくは、入学試験に落ちたことが前に一度ある。

戦争の末期に東京で焼け出され、命からがら上野駅で窓から汽車に乗り、母と一緒に親類を頼って金沢に行った。やっとたどりついたら、玄関から上げてもらえず、母と二人で汚い旅館に放り込まれ、泣きながら体中のシラミを取り合ったのを思い出す。

戦争が終わり、父の勤めの関係で、岐阜の山の中に一年半ほどいた。

世の中も少しおさまり、東京に戻ることになった。また転校である。

焼け出される前、一ヵ月だけ東京の中学にいたから、中学三年間で、ぼくは四つの学校を転々としたことになる。

高望みは当時からすでにあって、これは決してぼくだけのせいではないけれど、都立一中、いまの日比谷高校の転入試験を受けたのだ。落ちた。

だからいまでも、日比谷―東大の人に会うと、最敬礼してしまう。

藝大の一次試験には、思いがけず、合格した。

あまりの意外さで急に腹がすき、駅前に名物そば屋があると聞いていた、鶯谷《うぐいすだに》に向かって兄と歩いた。試験に通ったのは奇蹟、といううれしさもあったし、確かにお腹はグーグーいっていたが、ぼくの頭の中には、発表板に張り出された受験番号を、必死になって探していた少女の顔だけがあった。

高校三年間、実はぼくは同級生に夢中で過ごしたのだった。

いまはもうないだろうが、男女共学でない学校では、わりと一般的な風潮だった。ほとんどの場合、女学校でのことだが、「S」のことである。下級生が上級生をお慕いして、ラブレターを送ったり、上級生のおねえさまの方も、ハートを書いた封筒を、下級生にそっと渡したりしていたわけである。だから、「S」はシスターのことだろうと思う。

同性愛とか、そんな大袈裟、あるいは本格的なものではなく、思春期の淡い憧れの表現にすぎなかったのだろう。成長してから、そちらの方向に突っ走るのもいたかもしれないが、これはぼくの知ったことではない。それにぼくは女学校の中を覗いたことが全然ないので、まったくの想像である。

ところでこちらの方は、この想像と関係あるような、ないような形で、「B」であった。

だからぼくはぼくの「B」と同じ学校に行きたかったのだ。

「B」には妹がいた。高校一、二年の何とも幼いぼくは、いまに彼女と結婚しようか、と思ったりした。一生「B」の近くにいることができる、と勝手に考えただけである。

しかしこの計画にはあまりにも無理があり、つまり、ぼくの心の中には、彼女への関心が、あまりに少なかったのだ。

二階で秀才が勉強し、下でぼくが徹夜でピアノをさらう、という楽しい一月と二月のせいで、「B」は東大を落ちた。

われながら甘ずっぱい、葉隠《はがくれ》の心の、高校三年間だった。忍ぶ恋、しかも相手に絶対に告白などというはしたないことをしない、三島由紀夫の思想だったのだ。

幸か不幸か、ぼくはその道に突っ走らなかった。どちらが幸か、と断言するのをはばかるが、ぼくの場合の幸は、合格の発表板を見ていた少女の横顔だった。

その一瞬に、「B」は心のなかで、ただの友だちになった。

そばを食べて腹がおさまり、電車に乗った。四谷三丁目の近くに住んでいたので、秋葉原で乗り換え、四ツ谷に向かった。

乗った電車が次の上野で停まったら、目の前の扉からあの少女が乗ってくるではないか。

当時の電車にしては不思議なことに、ぼくと兄は座っていた。偶然、少女はぼくの目の前のつり皮に手をかけた。ぼくの全身がコチコチになった。

そのぼくの様子を察したのか、あるいは自分の好みだったのか、七つ違いの兄が、

「どうぞお座りなさい。次の第二次試験は大変ですね」

とぬかしたのだ。

いつの間に、発表板で自分の番号を発見して微笑んだ少女を見ていたのだろう。

彼女は横に座った。硬直したぼくは、おかげで少女の顔を見ることが、できなくなってしまった。

秋葉原の乗り換えも一緒だった。どこへ行くのだろう。

今度は、席が一つだけ空いていた。兄はまた紳士ぶって、

「さ、どうぞ」

と座らせ、ずうずうしくも、

「何科ですか？」

なんてやっている。

「ピアノです」

聞きとれないくらいの小さく、短い言葉だった。

少女も四ツ谷で降りた。われわれとは反対の麹町《こうじまち》側へ行ってしまった。

「幸運を祈ります」

オトナはずうずうしいからいやだ。少女は会釈して消えた。

第二次試験の最中は、少女どころではなかった。

第三次試験は身体検査だけだったように思う。いまでいう面接、そのころの口頭試問があったかどうか、覚えていない。

よほどのことがないかぎり第三次で落とされることはない、と聞いていたので、一緒に身体検査に行った連中は、もう同級生気分なのだった。

検査場が、なんと、赤門の中だったのだ。やはりちょっとばかり、東大に縁があるのである。フルートのヤツとビオラのと、帰り道一緒に湯島天神の境内で、トコロテンを食べた。

話をしているうちに、ビオラが日比谷高校だとわかって、躁《そう》がちょっぴり鬱《うつ》になった。まかりまちがっていたら、こいつはぼくの同級生だったわけである。しかも日比谷で、アンサンブルを組織し、指揮していた、というのだ。とんでもないやつと一緒になったものだ。

しかし思い直した。ぼくが日比谷に入っていたら、絶対に秀才になって、先週はもう東大生になっていたはずだ。あの日比谷から藝大を受けるなんて、きっとバカなのだと、思うことにしたら、気持ちが明るくなった。東大二次試験の前の晩の高熱は、日比谷からだったら、出なかっただろうと思う。あれはぼくの念力だったにちがいない。

余裕の身体検査の最中、ぼくはずっとあの少女を捜していた。

いない。

いないのだ。

入学後、二学期の末までは学校に真面目に通っていたが、帰りは必ず四ツ谷駅出口の、麹町側に長いこと立っていた。一度も見かけることができなかった。

しかしぼくは信じた。一浪して、必ず来年、藝大に入ってくるだろう。

一年たって次の四月、学校の正面玄関ですれちがった。小躍りしたい心とは逆に、ぼくはうつむいたのだった。

それから何十回、いや何百回うつむいただろうか。名前はもう、二日目にわかっていた。一日中、例の学生の出欠の名札の前に立っていて、少女が名札をめくる瞬間を、うつむきながら見ることに成功したのだ。

十月の末になった。ぼくは重大な決意をした。一言でも話したい。

食堂のキャッスルの向こうの隅で、友だちのピアノ科の女の子と喋《しゃべ》っている少女の声に、耳をすましていた。

一年前は夢であった。何ともいえない呆然とした気持ちで、毎日のように四ツ谷の駅に立っている間に、これが恋というものだろうと思うようになっていた。

「B」とは全く違うものなのだ。葉隠ではないから、牡として牝に、意志表示をしなければならない。四月から十月まで、うつむいているばかりでは、牡ではない。牡としては、少女に夢みるだけではいけない。

心の中で、少女は彼女に成長した。

彼女たちは、そろそろ帰ろうかという気配だった。ぼくは何くわぬ顔をしてキャッスルをあとにし、校門を出た。

二分ぐらい歩いて、こんどはものすごい勢いで、とってかえした。思惑ズバリである。二人がゆっくり上野の駅の方に歩いてきた。

ぼくは、さも忘れ物をしたかのように急ぎ足ですれちがった。

一応、校門までそのまま急ぎ、こんどは普通のスピードで、駅の方へまたとって返した。あの足取りなら、駅までの半分のところで追いつくはずである。

彼女の連れとは、気軽に話す仲だった。追いついて、そちらの方としゃべりながら、一緒に歩いた。彼女とはまだ会話をかわしていない。

もう一人の方の行き先をぼくは知っていた。いつも山手線をまっすぐ、渋谷のほうまで乗って行くはずである。家はたしか、田園調布だった。

ちょっと心配はあったが、余計なのは予想どおり行ってしまい、彼女とぼくは秋葉原で乗り換えた。

初めて二人だけになった。

「去年……」

ちょっと言いかけたら、

「ええ、覚えているわ。一次試験の後でしょう」

それからぼくたちは学校中公認の仲になった。

〻

彼女はダワの下宿でパンツで埋まった押し入れに隠れていたり、ぼくのほうは、ナオズミとの三六五日の「指揮者になりたい」生活と彼女とのデートで、充実した忙しい毎日が続いた。

だれだってそうだろうが、よくケンカをした。彼女には困った癖があって、すぐに絶交を言い渡すのだ。ぼくが二、三日ションボリしていると、例の上野の駅まで一緒だった女の子が、そっとぼくに耳打ちする。

「ベートーベンの何番のソナタをさらったら?」

これだけで、ぼくにはよくわかった。一夜漬けとはいわないが、たったの二ヵ月づけのピアノで藝大にカスカス入学できたのだ。だからピアノが苦手だった。

猛然と、そのソナタの練習を開始する。依然として家にはピアノがなかったから、夕方の学校に行って、八時に追い出されるまで、さらうのである。そのころはもう仕事に忙しくて、昼間学校に行っている暇はない。

二、三週間、そうやって一生懸命やっていて、その曲がだいたい弾けるようになるころ、練習室の外でだれかがぼくのピアノを聴いている気配がする。

ますます練習に身を入れる。

三回目ぐらいの気配の後、彼女がすっと入ってきて、それで絶交は許されるのだった。ケンカのおかげで、ずいぶんたくさんの曲を弾けるようになった。

彼女とケンカするたびに、絶交を宣告されるごとに、いちいちぼくはフラレたと思って、悲嘆にくれた。きっとまた、何かの曲をピアノで弾けるようになれば……、という内示があるだろうと期待はしていたが、そのたびに一キロか二キロ、痩《や》せたのだった。だから彼女とつきあっている間中、ぼくはゲソゲソで、よくいえばスラリとしていた。

絶交を宣告されると、周り中の友だちに、嘆き悲しみの大騒ぎをするのだが、フラレ男の愚痴は、だれにとっても面白くない。結局行く先は、渡邉先生になるのだった。

アケちゃんは、実に良い聞き手だった。

「そうね」

「困ったね」

「それで？」

いつまでもこちらのボヤキにつきあってくれるのだった。何回目かのとき、憂さ晴らしに飲んでごらん、たまには薬になるよ、といって、コニャックを飲まされた。

いつも先生の家に、それも夜かなり遅くなってから行ったのだから、アケちゃんも往生《おうじょう》したのだろう。そのころぼくはアルコールをほとんど飲まなかった。

コニャックで元気が出てきて、ますます泣き言をいう。

「何かほかに、君の気が晴れるようなことはないかい？　何でもいいのよ」

ぼくはしばらく考えていたが、

「先生の悪口を言ったら、気持ちがいいかもしれません」

といった。

「そうだ、それがいい」

アケちゃんは手を打って喜んだ。

それからぼくは、延々とやったのだ。

「だいたい先生は棒を持って指揮するべきです。先生の顔つきや背丈からいっても、棒を持たないと、手だけが長すぎるように見えてしまって、よくない。それにリズム感が感じられないし……」

「ふんふん、なるほど」

「それに、先生のあの曲の解釈は……」

「ふんふん」

「足だってちょっと長すぎるんじゃないですか。それならそれで、もう少し足幅を狭めて立ったほうがいいです」

「ふんふん」

「フォルティッシモのとき足をちょっと曲げる癖があるでしょう。そういうときこそ伸ばさなきゃあ……」

長いこと説教して、ぼくはすごく元気になった。二時をすぎていた。

元気いっぱいのぼくに、先生は言った。

「よかったね、君そろそろ寝たら？　この部屋しかないけど、ここで泊まっていきなさい」

応接間だった。先生の家は「音羽御殿」の一角にあった。奥さんが鳩山一郎さんの息女で、音羽の丘の上の広大な鳩山邸の中に、居候していたのだろう。

ぼくはこの応接間しか知らなかったが、先生たちは二階で寝ているらしかった。たったそれだけのような感じだった。鳩山家の一家《いっか》眷族《けんぞく》、みんなゴソゴソ御殿の中に、群がって住んでいたらしい。

先生と奥さんが、二階から敷布団を運んできた。掛け布団も二人がかりだった。それから枕がきた。続いて奥さんが手ぬぐいを持ってきてくれた。枕カバーなのである。その間、酔っ払って威勢よくなったぼくは、ソファにふんぞりかえっていた。二人は上に上がっていって、何分かたった。何かヒソヒソ相談しているような気配だった。

だいぶ長いことたち、アケちゃんが静かに下りてきた。白く長いきれを持っている。

「申し訳ないけど、これで我慢してね」

シーツを敷いてくれて、じゃあお休み、と静かに言って上がっていった。

シャツのまま、横になった。どうもヘンなのだ。布団の真ん中にシーツが敷かれているのだけれど、六〇センチぐらいの幅で、敷き布団の両脇がそのまま見える。酔眼朦朧《すいがんもうろう》で目をこらしてみると、片一方は、たしかにシーツの端である。まちがちゃんとしている。

別の端は、と見ると、切り裂いた後のようなのだ。

そういえば、さっきのヒソヒソのあとで、ピリーッという音を聞いたような気がした。

ハハーン、きっと今晩は一枚しかなかったのだな。アケちゃんたちはどうしているのだろう。ダブルベッドだか二つの布団だかはぼくは知らない。ダブルだとすると、三分の二のシーツで、布団二つだと、どちらかが半分のシーツで寝ているのだろう。

ぼくは感動して、うれしく泣き寝入りをしたのだった。

〜

ぼくの一年下のクラス、つまり、ナオズミの学年のピアノ科には美人が多かった。その中でも、三人が特に際立っていて、三羽ガラスといわれていた。もちろん、その中の一人がぼくの彼女である。

もう一人は、「女王」といわれていた。関西の出身で、いつも黒いマントですっぽり身を包み、薄暗いシャンソン喫茶に座っているのが、ことのほか似合った。ジュリエット・グレコにかぶれたのかと思うが、しかし、年代的にはこの「女王」のグレコ風スタイルの方が、ご本尊より前かもしれない。とにかく、素晴らしく神秘的で、しかもわがままな存在だった。ピアノも魅力的だった。

三人目は、地味だが清楚な美しい子で、このクラスでもっともピアノがうまかった。しかし、いつもデッカくてコワイ男がくっついていたので、だれもチョッカイをかけなかった。

この二人は卒業後、結婚した。

あるときぼくは、オーケストラ・ボックスにいた。チャイコフスキーの「エフゲニ・オネーギン」だったが、突然すばらしい声が聞こえ、堂々たる風格の男が登場した。

いわゆる日本人ばなれした、風格と声量である。あれはどこのどいつだと、まわりのガクタイにたずねたら、藝大出身の新人だということだった。そうだとすると、同級生のはずである。学校に出没し、「学響」やキャッスルで忙しかったが、とんと声楽の連中とはつきあっていなかったので、同級にこんなスターがいたことを知らなかったのである。実は、あのデッカイ、コワイのは、バリトンで藝大を出てすぐオペラ界の大スターになったのだった。

後にこの男は、ザルツブルク、グラーツを経て、ケルンの歌劇場の主役を長年歌い、昭和四十九年にガンで死んだ。大橋國一《おおはしくにかず》である。

彼のウィーン留学時代以来、死ぬまで親友だった。

だから、このデッカくてコワイ男の現未亡人とは、お茶を飲むこともなかった。

ナオズミは、グレコ風女王に、とことんお仕え申していた。

学校の行き帰りは必ずカバンを持つ。「紅茶が……」の一言で、もうナオズミはキャッスルのカウンターに走っている。何から何まで世話をし、かいがいしい下僕の役をやっていた。

女王には、二年上のチェロの彼氏がいて、これがまたすごくもてる男だった。女王は女王で、彼氏にキリキリ舞いさせられていて、それのうっぷん晴らしはすべて下僕をこきつかうことに向かった。

ナオズミは、あるとき決意した。ぼくたち周りがそそのかしたせいでもあるのだが、やはり心の中を堂々と告白することにしたのだ。

われわれは前の晩からダワの下宿にゴロ寝していた。当日、ナオズミは、ぼくとダワの励ましの言葉に送られて、勇ましく出かけていった。

「がんばれよ」

「ヨッシャ！」

残った二人は、首尾や如何《いか》にと、一日中ゴロゴロして待っていた。

外が真っ暗になったころ、下宿の下のバレエスタジオで、ドタンバタンが続き、ボロ下宿が震動した。

下りていってみると、「本日休業」のバレエスタジオの床を、マグロの固まりみたいなのがのたうちまわっている。床中ゴミだらけなのである。そのゴミもただのゴミではない。野菜くずや残飯が、ほうぼうにベチョベチョ散乱しているのだ。

体中ゴミだらけのナオズミが、ころげまわっていた。

「悲しいヨー、苦しいヨー」

やっと事情を聞きだした。

朝、ナオズミは勇躍、女王の家を訪ねたのだ。何度も口の中で練習した愛の告白を叫ぼうと、呼《よ》び鈴《りん》を押したのに留守だった。

長いこと玄関の前をうろうろして、近所の人に怪しまれたり、犬に吠えられたりで、仕方なしに家の前のゴミ箱の中に隠れたのだった。女王が、いつ帰ってくるかわからないので、離れられないのである。

当時は、道のあちこちに、ふたのついた、大きな木のゴミ箱が置いてあった。たいていは黒塗りのペンキだった。その中に隠れているナオズミの頭の上で、いきなりふたが開いて、近所の人がバケツから塵芥《じんかい》をジャーッとぶっかけたりしたのだった。ナオズミは耐えに耐えた。

夕方、やっと女王がご帰還になった。すぐに呼び鈴を押そうと思ったが勇気が出ない。

ぐずぐずしているうちに、女王がお召し替えをして出ていったのだ。

もう一刻も猶予はならない。ゴミ箱から躍り出し、大声で彼女を追った。夕暮れに、いきなりゴミ箱から怪物が躍り出したら、だれでもびっくりするだろう。女王は逃げた。追う方は、体中ゴミだらけの我が身のことなど念頭にない。女王にとっては折よく、目の前にバスが止まった。発車に数歩遅れたゴミのかたまりは、全力疾走したのだった。次の停留所で追いついた。

クサーイのが乗り込んできて、他の乗客の目もかまわず叫んだ。

「オレだよ、オレ。本当はオレ、きみのことが大好きなんだよ。これから……」

「くさいわねぇ、なによその格好は」

そして、女王はカラカラ笑いながら、決定的なことを言ったのだそうだ。

「なによ、下男のくせに！」

次のバス停で、ナオズミはしょんぼり降りた。そのままトボトボ一時間かかって、ダワの下宿にたどりつき、ドタンバタンが始まったのだった。

「悲しいヨー、苦しいヨー」

ぼくとダワの二人は、ゴミのかたまりがころげまわるあとを、黙って雑巾《ぞうきん》で拭《ふ》きながらついてまわるほか、慰める言葉がなかった。

何百回かころげまわって、ナオズミの体もきれいになった。バレエレッスン場の床経由で、われわれが拭きとったわけだ。

さすがのダワも、深夜まで、出て行けとはいわなかった。

バレエスタジオ中と、二階のいくつかの三畳下宿全体に、ゴミの臭いだけが残った。

しかし、ナオズミの下僕生活は、そのままずっと続いたようである。

ぼくの彼女がいなくなってしまった。

強いていえば、別れたことになるのだが、彼女がウィーンに留学することになったのだった。

それまでで最も長い絶交の最中で、ぼくの知らぬ間に、横浜から船で行ってしまった。見送りに行った、彼女の友だちからそれを聞き、あまりの驚きでぼくは何の言葉を発することも、うなづくこともできなかった。

ふられたのだ。

昭和二十年代の後半だったが、ヨーロッパは想像もつかないほどの遠いところだった。第一、外国に出かけることも、夢の夢で、火星より遠い別の世界だったのである。

追いかけていくなんて考えもつかなかった。特に選ばれたものだけが、神サマのおぼしめしで外国というところに行ける、という感じで、生きている内に一度でも行けたら、というのが外国という所だったのである。

何もいわずに、消えた。今度の絶交だけは本当だったのである。追うまい。手紙も出すまい。ウィーンという火星に行って、きっとだれかと一緒になるだろう。

死にたくなるたびに、ぼくはベートーベンの「エロイカ」のスコアを、食い入るように読むのだった。しかし、第二楽章の「葬送」だけは読まなかった。

ナオズミとも、指揮の話をしなくなった。要するに、ぼくがメソメソ彼女の話をするぼくがメソメソ彼女の話をするだけだったのである。

ダワの三畳間の下宿でぼくはいつも泣いた。ナオズミとの威勢のよいケンカではないので、ダワも出て行けとは叫べず、ナオズミと二人で困惑しきっていたのだった。

ふられた男のメソメソ愚痴話なんか、さぞやアホらしかっただろう。

「オメェよー、向いの映画館でディズニーやってるぜ。たまには気が晴れて、いいかもよ」

「ピノキオ」だった。

こんな筋だったら、ぼくのメソメソも少しは収まるかと思ったのだろう。

面白いマンガ映画だったのだが、ピノキオとおじいさんはともかく、ナオズミにとって運の悪いことに、なぜか美しいお姫様が出てくるのだった。それだけでもう、彼女の顔が重ね写しになって、画面がかすむ、見えなくなる。滂沱《ぼうだ》の涙となる。

横でナオズミが不思議そうな顔をして、さすがに映画館の中だから小声で囁《ささや》く。

「おい、オメェ、出ようか？」

向かいの喫茶店にすわり、ぼくはテーブルの上につっぷして、ワーワー泣く。アイスクリームをなめながら、ナオズミが困っている。

「ちょっと待ってろよナ」

走って行ってしまった。

何分かたって、大きな本を一冊かかえてかけこんでくる。

「きょうはナ、オメェ、うちに帰ってこれ読んで寝ろよナ」

きれいな色刷りの、「ピノキオ」の絵本である。

「あ、そうそう」

また出て行ってしまった。

ナオズミがなぜ、ディズニーのきれいな絵本を買ってきたのか、わかるようなわからないような気持ちである。「ピノキオ」を観ても心が晴れなかったぼくのせいで、最初の五分間だけで出てきてしまったので、全部の絵本を読ませれば、と思ったのだろうか。お姫様の登場で、たちまちぼくが涙にくれたことは、いくらなんでもわからないだろう。だが、そんなぼくに、困りきってしまって、何とかしなきゃあ、というナオズミの気持ちはよくわかる。

一人残されたぼくの涙の三分一は、ナオズミへのうれしさに変わっていった。

しばらくすると、ナオズミがすっとんで入ってきた。

「な、オメェ、今晩はこれを着て、寝ろよナ」

どこから捜してきたのだろう。ピノキオだらけのパジャマである。ずいぶん時間がかかっていたから、もしかして新宿のデパートまで行ってきたのではないか。おまけに、同じ柄の大きな柔かい枕と一緒なのだ。

ぼくの涙は、三分の二以上、ナオズミへのものになってしまう。彼は内容の変化を知らないだろう。

「よー、行こうじゃねえか」

タクシーを呼んできた。

「運転手さん！　これで荻窪まで行って下さい」

ポケットから札をわしづかみにして渡す。

「あ、ちょっと、ちょっと待っててね」

また走って消えてしまった。

ぼくの涙は、もう百パーセント、ナオズミに対して、になっていた。

デッカイ花束を抱えて、走ってきた。タクシーの窓を開けさせ、ぼくの胸で、セロファンがカシャカシャ大きな音をたてる。

ぼくはますますグショグショになる。こいつは今日、よほどの金持ちらしい。真紅のバラが、三十本ほどもあったろう。

花束にうずまったぼくには、もうナオズミが見えない。

車の外で、

「発車オーライ！」

大声を出した。

タクシーは勢いよく発進し、手をふりまわしているナオズミが、どんどん小さく、そしてかすんでいった。

scherzo　無銭旅行

近衛管弦楽団が、大阪で二十日間音楽会をやることになった。当時は、「労音」の全盛期で、特に「大阪労音」は、全国一の数万人以上の会員数を持っていた。二十日間のうちには、土、日が三回入っていたから、マチネーを入れると、合計二十六回の音楽会である。プログラムは、A、B、Cの三通りあった。

汽車に乗る前に、学校に撥《ばち》類を取りにいった。家にももちろん持っていたが、何しろ曲目が多いから、いろいろな種類のスティックが必要だった。

キャッスルに寄った。ナオズミがいた。オーケストラの全員は、前の晩の夜行で、すでに大阪に出発していた。一人ぼっちで大阪に行くのが心細かった。

「オイ、一緒に行かねえか」

「オイヤッ」

それだけでついてきた。何日間大阪にいるのかなんて聞きもしない。もちろん、荷物は何も持っていないわけである。

東京駅に行って、どうせなら、「特急つばめ」で行こうじゃないか、となった。

ぼくは、ナオズミが切符を買うのは見たことがなかった。

とにかく「つばめ」に乗った。現在とちがって、一等、二等、三等のクラスがあり、もちろんぼくは三等を買った。

三等車に座り、特急が動きだした。

「オオ、どうせなら、一等の展望車っちゅうのを見てやろうじゃねえか」

ぼくたちはえんえんと汽車の中を歩き、最後尾の展望車に入った。年寄りの会社社長みたいなのが二人、ふんぞりかえって座っていた。

展望車は、思ったより何か貧乏くさかった。デンとした肘《ひじ》かけいすが、合計十ぐらい向かいあっていて、真っ白なカバーがしてあるが、要するに、狭い矩《く》形《けい》の応接間に、二十もいすが並んでいる、という塩梅《あんばい》だ。六つぐらいなら豪華だろうが。

他の車両では見たこともないような、立派な制服を着た車掌が二人いた。というより、レストランのボーイのような感じである。

よせばいいのに、

「オオ、ジンジャエールを二つ頼む」

「かしこまりました」

うやうやしく持ってきた。

二人でいちばん後ろの展望台に行ってみた。後ろに大きな「つばめ」という、いつも汽車の写真で憧れていたのがついていた。よく、エライ大臣なんかが関西視察とかで、この展望台で見送りに手を振りながら出発していく写真を新聞で見たものだ。

かっこよく手すりに手をかけようと思ってハッとした。何となくヌルヌルベトベトしているような感じなのである。それに、景色がどんどん後ろの方に流れていって、なるほど絶景ではあるけれど、何ともいえぬにおいがしているのだった。

「オイ、ナオズミ、これはヤバイぜ」

全車両のトイレから流すヤツが、最後尾の展望台の後ろで、霧が渦を巻くようにして、「つばめ」の最後尾にくっついて一緒に走っているのだった。この大やら小やらの霧が、展望台の手すりにベットリこびりついているのだ。

閉口して、席に戻った。ジンジャエールを飲む。ボーイとは、二ケタもちがうような立派な制服を着た、専務車掌がやってきた。

「おそれいりますが、私共は、本日のお客様がお二人と伺っておりますが……」

一等車なのだから、検札などは必要ないのだろう。あらかじめ何の何様と、わかっているにちがいない。

「アッ、そうそう、そうだっけ」

二人は展望車から走り出た。

うやうやしい専務車掌は、走り出すようなはしたないマネはしない。しかし追いかけてきた。二、三両引き離したところで、ぼくはもよりのトイレに飛び込んだ。ナオズミはどんどん走っていく。

車掌が走って行くナオズミを追って、先へいってしまったころ、ぼくはトイレを出る。

ナオズミは、次の次のトイレにとびこむ。そのときぼくは、車掌の後にいるのだ。

やはり、陽動作戦である。

結局、先頭の三等車で二人ともつかまってしまった。

「おそれいりますが……」

といわれたのは、幸い横浜をすぎていた。

つかまったのは静岡まであと三十分ぐらいのところだった。静岡さえのりきれば、次の名古屋までは停車しない。名古屋でおっぽり出されたって、大阪までは近い。

天佑神助《てんゆうしんじょ》がわれわれを救ってくれた。

楽員で、やはり前の日に団体には乗らずに、この汽車に乗っていたおじさんだ。

普段ガクタイは誰でもこの人から逃げ回っていた。ものすごいおしゃべりな人で、始まったら止まらないので有名だった。

「シャベリウス」というあだ名だった。

ぼくたちは、早口にいきさつを話した。いきさつといったって、無賃乗車で、しかも一等車の展望車にふんぞりかえっていただけのことだ。

それを聞いた「シャベリウス」は、専務車掌にペラペラ、ペラペラやりだした。理由もクソもないのだ。連続ペラペラの迫力に、車掌はことばをさしはさむことができない。

静岡の短い停車時間も過ぎてしまった。何をいったのか知らないけれど、なぜか、無事に大阪駅で降りた。

東京の国電でも、ナオズミは勢いよく、

「オッ」

と怒鳴って改札口を入る。出るときも同じである。

ぼくは、ちょっと恥ずかしいが、告白すると、残念ながら常識的なところがあって、切符を買っているのだ。本当は、これはナオズミには言っていないのだが、彼の分もそっと買っていた。ヤツはそんなことを知りはしない。万一にそなえたのである。

一度、目白駅の改札を出るとき、

「もしもし、ちょっと」

とやられたことがある。本当は二枚切符を持っているぼくは、こういうときのために、ナオズミの後を歩く。呼びとめられたとたん、ナオズミは後をふり返って、大声で、

「ギャオーッ！」

と、ゴジラをやったのだった。

駅員が仰天している間に、一目散にいってしまった。

追いついて、

「オマエ、ああいうとき、どういうつもりでやってるんだ？」

「オオ、簡単ヨ。定期券を持っていると思いこんでりゃ簡単さ。よく定期が切れているのを忘れていて、何日もそのまま乗っているやつがいるだろう。アレヨ。無心の極意ヨ」

ナオズミが、ぼくのように用心深く、彼用の切符を秘密裡《ひみつり》に持っている人間と一緒でないときに、どうやっているのか知らない。少なくともぼくの見たかぎり、「ギャオーッ」は一度だけだったのだから、いつもうまくやっていたのだろう。

となると、ぼくがもう一枚買っていたのは、実に無駄だったわけだ。

大阪に無事着き、阪急で宝塚に行った。宝塚ホテルに、泊まることになっていた。

当時は、フェスティバルホールという立派なのはまだなく、市内ではおそろしく汚

い朝日会館か毎日会館が会場だった。もう少し上等な音楽会となると、「宝塚劇場」で演奏したのだった。

この二十日間のうち、前半が宝塚、後半が四、五日ずつ朝日と毎日で行われることになっていた。

ホテルに着いて、まず必要だったのは、ナオズミの洗面道具を買うことである。二十日間のために、ギャラと宿泊費を含めて、五万円ほどぼくはもらっていた。一人なら、これはかなりの贅沢ができる額である。しかし、突然二人になってしまったのだから、節約を心がけねばならない。食事のたびに、ぼくはケチケチしたのだった。

ところが、ナオズミがバカバカ好きなものを、それも高いものを注文するのだった。

「おまえ、少しは考えろよ」

「テヤンデエ、オメェが来いっていったから、来てやったんだろう。オレには権利があらあ」

滞在の中ごろから、ぼくは懐《ふところ》が心配になって、大阪の知り合いに頼んで、演奏会が夜だけのとき、劇伴《げきばん》仕事なぞに稼ぎにいったのだ。その間、ナオズミはホテルでふんぞりかえってうまいものを食っているのだ。

「どうせ来ているのだから、手も足りないことだ、何かやらせてやれよ」

のんきな、良き時代だった。オーケストラの責任者がそういって、ナオズミはトライアングルをたたくことになった。もっとも全部で二千円、ということだった。

ある晩、ナオズミがメチャクチャをたたいた。

宝塚の劇場から橋を渡ってホテルに戻る途中、ぼくは怒り狂って、文句を言いつづけた。ナオズミも珍しくションボリしていた。

「おまえなんか、消えちまえ！」

「オオ、消えりゃいいんだろ」

本当に消えてしまった。暗い橋の上である。キョロキョロしていたら、下の方から、声がする。

「オオ、助けてくれヨー」

欄干《らんかん》から身を乗り出して下を見た。

欄干の下の出っぱりにぶらさがっている。そういえば、怒鳴ったとき、暗い中で何かがスッと横に飛んだような気がしていた。跳馬《ちょうば》をとびこえるようにして消えていったのだろう。

ぼくはひっぱりあげようとしたが、あまりにおかしくて、ゲラゲラ笑いがとまらない。全然力が出ないのだ。

ナオズミの両手は、だんだん下にずり落ちていく。

川には水がなく、数メートル下が、ゴロゴロした石だらけの河原なのだ。落ちたら死ぬ。ぼくは大笑いしながら、真っ青になった。

「ハハハ……、おまえがんばってろよ。死ぬなよ。助けを呼んでくるからな」

顔色真っ青で、しかもゲラゲラ笑いながら橋のたもとの一杯呑み屋にとびこんだ。オーケストラの仲間が数人のんでいた。

助け上げて事なきを得た。

再度ホテルの方に歩く。

「バカだな、おまえ、何であんなことをしたんだ」

「だって、オメェが消えろ！　って言ったからヨ」

「まあな」

ホテルに着いて、死にそこなったショックを消すといって、ナオズミは、プリンを二十五個食べた。

ナオズミの大食いの収支つぐないのために、毎日のように大阪に働きにいっていたぼくは過労でねこんでしまった。こういうときのこいつの献身的な看護はすさまじい。大したことはない、ただの風邪の熱だというのだが、オメエベッドから下りるな、歩くな、便所にも行くな、といって、ホテルからシビンを借りてきたりするのだ。

指揮者の近衛先生は収集魔だった。国鉄の客車の横についている「つばめ」とか「さくら」とか、日本中のほとんど全ての汽車のプレートを持っていた。自分で盗るときは、便所の窓を下げて手をのばすと、盗めたのだそうで、いろいろなガクタイにも頼んで集めていたのだった。いちいちお小遣いをくれるのである。人気のある汽車のプレートは高かった。

一度、国鉄のエライ人が何かの相談で先生を訪ねたとき、自慢たらたらこのコレクションを見せたのが、運のつきだったそうである。どうもマジメな人は、困ったものである。

「拝見した以上は、全部いただいて帰らねばなりません」

先生はがっかりしていた。

汽車のプレートに限らず、何でもかでも収集で、我々も、よくごほうびの小遣いをもらったものである。

できたばかりの内幸町《うちさいわいちょう》のNHKの、様々な表示板の、美しいプラスチックの「ホール入口」なんかが良い値段だった。

あるとき、たばこ屋の看板を持っていった。怒鳴られた。

「零細企業をいじめてはいけない！　でっかいところのを盗んでらっしゃいましよ」

さすがは千何百年の正真正銘の公家《くげ》言葉だ。

「デパートのアドバルーンとか、若者は夢を持ってくださいましよ」

大阪の最後の晩、それも深夜の人通りの途絶えたころ、二人は大仕事をやった。一時間かかった。大きな「毎日新聞社」の看板である。アドバルーンほど大きくはないが、これなら先生も喜ぶだろう。

縦二メートル以上、横三十センチぐらいの銅の重いプレートを何十枚の新聞紙でぐるぐる巻きにし、意気揚々と大阪駅にいった。

こんどはオーケストラ全員の団体旅行で、ナオズミは無賃乗車ができないのだった。

みんなが、

「それ、一体なんだ？」

と、口々にたずねる。得意になって新聞紙を取った。

責任者が顔色を変えた。

「トンデモナイことをする野郎どもだ。返してこい！」

われわれは、スゴスゴとってかえした。

そしてナオズミは、やはりうれしく、切符なしで、東京に引き揚げたのだった。

ノラ・ケイ・バレエ団というアメリカのモダンバレエ団が来日したときのことだ。「欲望という名の電車」とか、題は忘れたがシェーンベルクの音楽を舞台化したり、非常に意欲的な舞台を展開した。

近衛管弦楽団は、オーケストラ・ボックスで演奏し、東京だけでなく、全国各地を巡演した。

現代ものが多かったので、小世帯のオーケストラだったが、打楽器の人数を、いつもよりずっと増やさねばならなかった。つまりエキストラのプレーヤーである。

このときは、ナオズミを正式に、メンバーに入れた。

「オイ、一緒に行かねえか」ではないのだ。

スケジュールも、あらかじめちゃんと教え、トラ代（エキストラ料）はいくら、宿泊費はこれこれ、というように、一人前の待遇なのである。

それでも、本職の打楽器奏者ではないのだから、むずかしいパートをやらせることはできない。

トライアングルとシンバル、それとときどき、大太鼓のドン一発、という具合である。

シンバルだって、二枚でジャーンは大変だ。そこのところは他の本職がやり、その人がタンブリンで忙しいときに、シンバル・サスペンダーといって、一枚のシンバルを、撥でたたかせただけだった。

ナオズミは、もっと派手なのをやらせろ、とゴネたが、正式に雇っているからには、首席のぼくに責任がある。

そのころは、アメリカ人というとエラくて、さすがにもう「カム、カム、エブリバディ」、「ギブ・ミー・チューインガム」ではなかったが、バレエ団についてきたどうしようもなく無能な指揮者に、楽員たちはただ黙々と、従っていたのだった。

それが、われわれにはオモシロクナイ。クヤシイのだ。

練習のとき、しょっちゅう指揮者に、はむかった。

もっとも、こちらは英語なぞまったくしゃべれないから、「ノー、ノー」と言い返すだけで、ナオズミなどは、エキストラの分際のくせに、立ち上がって、

「オー、ノー！」

と両手を派手に上げたりしたのだった。

これに輪をかけていやなやつがいた。プロデューサーというのかマネジャーというのか、とにかく団長格のアメ公で、オーケストラの練習にもいつも立ち会っていた。

何もわからないくせに、すぐ口を出すのだ。

「ニューヨークでは、シカゴでは……」

要するにオーケストラがへたなのだ。それはわかっている。

それをカサにきて、無能な指揮者がますますオーケストラに対して威丈高《いたけだか》になるから、余計アタマにくる。

マネジャーみたいのはプリマの彼氏のようだった。それも余計ハラが立った。

最初の舞台稽古のとき、それまでのオーケストラだけの練習ではわからなかったことが、いちいち、なるほど、ナルホドになったのだった。

バレエ団は、オーケストラのパート譜を、そっくり持ってきていた。楽譜のいたる所に、バレエ団がほうぼうで公演したときに、つきあったオーケストラのメンバーたちの、落書きがしてある。

英語だけれど、そのくらいはわかる。

ゴチャゴチャしたのを、一生懸命解読すると、〈ハーイ、ジョン、カアチャン元気か？　オレんとこの犬が、三匹産んだぜ〉なんていうのだ。

全米をまわるのだから、そのうちにどこかの街のオーケストラが演奏するわけで、そのパートを見るのは、同じ楽器の仲間というわけである。

そのほか要所要所に、エンピツではっきり、活字体で書いてあるのがある。わざわざ目玉が二つ、ギョロリと右を向いているのがあり、〈Look right now!!〉というのがある。思わずそのとき右を見る。なるほどその瞬間、舞台でダンサーたちが、一斉に足を上げていたりする。

こういうときだけは、アメリカのガクタイになったような気がしてうれしいものだった。

東京公演の初日が始まる前に、例のマネジャーが緞帳《どんちょう》の前に出てきて、エラソウにスピーチをした。

映画でしか見たことのなかったタキシードを着こんでいる。襟にキンキラがついていて、ズボンの脇に、照明で美しくバイオレットに光るサテンがついている。うらやましいなあ、千ドル以上はするだろう。闇でも一ドル四百円では買えなかったころのことである。

靴もエナメルで、ピッカピカに輝いている。ハリウッドだ。チクショウめ。

「レイディース・エンド・ジェントルメン！」

あとのベラベラは、ほとんどわからなかったが、なんでも、アメリカから現代世界最高のモダンバレエを持ってきてやったんだから、ありがたく拝め、というような感じだった。

オーケストラのおじさんたちはどうだったか知らないが、われわれにはカチンときたのだ。

お客だって、「ベラベラ、ベラベラ……」を理解したはずはない。なのに、スポットライトの中のハリウッドのきんきらに、大拍手なのだ。

ますます、不愉快である。

われわれは反米でも何でもなかったし、音楽、指揮一筋で超の字が十ぐらいつくノンポリだった。ときどきアメリカ映画の中に出てくる、ちょっとしたオーケストラのシーンを見たくて何度もくり返し見に行ったものだった。

「アメリカ交響楽」「カーネギーホール」「彼らに音楽を」等、クラシック音楽の映画も数多かった。

極めつきは、名指揮者ストコフスキー主演の、「オーケストラの少女」だった。

ぼくもその一人だが、あの映画のおかげで将来の音楽家を志した人間も、多かったのではないか。

最近、何十年ぶりに、テレビで見て、ガッカリした。何というくだらない、ストコフスキーさま宣伝用の、キワモノだったことか。夢のように思えたオーケストラも、寄せ集めのガクタイらしく、天の声に聞こえたディアナ・ダービンのモーツアルトの「アレルヤ」も、のど自慢のカネ一つみたいなものである。

吹き替えではないところだけ、昔の映画は、マジメだったなあ、と感心してしまう。

こんな映画にだまされて、オレは指揮者を志したのかと思うと、ナケテくる。

しかし、このテレビを見て同じ気持を持ったN響の楽員たちの話では、彼らの高校生の息子たちは、エラク感動していたそうだ。

とすると、この年ごろの男の子の琴線にふれる何ものかを、この映画は持っていたのだろう。

そう思ってウラまないことにしたが、とにかく、大昔の恋人とか憧れの対象には、お目にかからないほうがよいということが、よくわかった。

それはともかく、モダンバレエのプリマのヒモの、ハリウッドぶりは許せない。

「きょうはやられちゃったけど、この次はナニカしでかしてやろうぜ」

ナオズミと、誓いあった。

翌日、場内が暗くなり、われわれは期待した。なんとか、あの「ベラベラベラ……」を妨害してやろう、とヒモが出てくるのを待った。

残念なことに、スピーチはなかった。緞帳の下手《しもて》を睨《にら》みながら、ヤツが出てきたら、何かやってやろうと、緊張していたのに、別の方角の視線の中で、指揮者が手を振り上げるのが見え、ぼくはあわてて、ティンパニーをたたきだした。

公演が何日あったかは忘れたが、結局、スピーチは初日だけだったのだ。

ナオズミとぼくは、一応、仕事だけにいそしんだのだが、オーケストラのオジサンたちは、ヒモの言うことをヘイヘイきく。このアメリカ人の指揮者の棒の振り方は実にヒドイ。要するに、われわれは、ムシャクシャのしどおしなのである。

公演会場は、いまのとはちがう、古式ゆかしい帝劇だった。古いのは現在の立派なのより、ずっと小ぶりで、オーケストラ・ボックスも、とても小さかった。それに、本当のオペラやバレエのためのボックスではないので、楽員たちは、ギュウギュウ詰めで、ひしめきあいながら演奏していた。それに、ボックスは浅く、客席からも丸見えである。

指揮者へ、そしてステージ裏で威張りちらしているマネジャーへのせめてもの抵抗をやった。

演奏中、盛大にチューインガムをかむのだ。しかも、風船ガムである。

打楽器は、バイオリン等とは違い、曲の間ずっとたたいているわけではない。小節の数を勘定しながら、盛大に足を組んで、これみよがしに週刊誌などを読んだ。

ボックスにひしめきあっている中で、盛大に足を組むのは、かなりむずかしい。かかとをティンパニーのふちに乗せなければならなかった。なんとも行儀の悪いかぎりである。

結局、アメリカ人たちへの抵抗の姿勢は彼らの目には入らず、公演終了後、オーケストラの責任者に呼ばれて、大説教をくらった。

観客の中のウルサイのが、劇場に怒鳴りこんできたのだ。

こんなにヒドイ態度でやっていたのだから、客が怒るのも無理はない。アメリカ人どもは、気がつかなかったらしい。大失敗だった。

東京の後は大阪である。例によって、大きな催しは、いつも宝塚大劇場だった。

宝塚に行くのは楽しみでもある。

昼間、劇場の近くのお好み焼き屋とか、喫茶店に行く。ヅカ・スターに出会えるのではないか。だが、これも成功しなかった。

たまに、らしいのが来ても、化粧を落とした大幹部のバアさんばっかりで、そういうエライのだけが出入りする店に、行ってしまったらしい。ピチピチしたのは、別のところで気楽におしゃべりしていたのだろう。

大阪の初日である。かならずスピーチがあるだろう。ワクワクした。

下手からスポット・ライトを浴びながらあのハリウッドが出てきた。

ジャジャーン、ジャン！　ガシャガシャガシャ……。

ナオズミがシンバルを、床に落としたのだ。

すかして歩いてきたヒモの足取りが、ひるんだ。

「レディース・エンド……」

ドシャーン、ガラガラガラ……。

ぼくがタムタム・スタンドを、蹴倒したのだ。

客の視線は、当然こちらに集まる。うっかりやってしまったふりをして、あわてふためき、タムタムをたてなおす。大袈裟にやる。それも途中でわざと失敗し、また、ドシャン、ガラガラ……である。

見事、客席から、笑い声が起こった。

しめた。

「……ジェントルメン。ウィ・アー・ベラベラ……」

ガタン、ガターン、ドスーン。

ティンパニーを引っくり返したのだった。ぼくはもっとあわてふためくふりをする。

満場爆笑の洪水となり、上では一応ベラベラ続けていても、だれも聞いちゃいないのだ。

ざまあ見ろ。

お客が笑っているうちに、ヒモのスピーチは終わったらしく、いつのまにかいなくなっていた。つまり、だれも拍手をしなかったのだ。

昭和二十年代、アメリカ人といえば、だれでもエラく見えた風潮の中で、われわれの日米決戦は、大勝利だったのである。

それからは機嫌よく、へたな指揮者の棒にも耐えて、ノラ・ケイのすてきな演技のために、演奏に専念したのだった。

symphonie　幻想と歓喜

フランスの指揮者、ジャン・マルティノンが、NHK交響楽団の客演指揮者として来日した。戦後、ヨーロッパの一流の現役が来日した、第一号である。

作曲家としても著名だったマルティノンは、その後、フランス国立放送管弦楽団、シカゴ交響楽団の常任を歴任し、先年亡くなった名指揮者である。

それまでも色々な指揮者が外国からきた。宣伝文句は常に「一流」だった。いちいち胸をときめかせて見にいったものだ。いつもガッカリした。

しかし今度こそ真の大物なのだ。

最初の練習の日、新橋ののみ屋で偶然N響のタイコのひとに会った。もっとも偶然とはいいがたく、そこはガクタイの溜《たま》り場《ば》だったのである。指揮者が何も言わないのに、最初の音からオーケストラが、どんなに目の覚めるような音を出したか、美しく、さわやかな響きになったか……と、そのひとは熱っぽく語ったのだった。すぐれた指揮者と仕事をしている間中、メシがのどを通らなくなる性質のひとで、こんなに何も食べられなくなったのは何年ぶりだろうと、うれしそうに飲んでばかりいた。

翌々日の本番を、ぜひ見ようと決意した。もちろんナオズミと一緒だ。

決意した、と書いたのは大きな意味があるからである。ぼくたちは、東京フィルハーモニーとか、東京交響楽団のようなスポンサーのないビンボー・オーケストラもよく聴きにいったが、切符をちゃんと買った。零細企業は助けなきゃいけない。

ところが、NHK交響楽団という日本一の大オーケストラ、体制の権化《ごんげ》には、抵抗感もあり、反抗手段として、絶対に切符を買わなかった。つまり、いつもモグって入ったのだ。あんな威張っているオーケストラに金なぞ払うものか。

だが日本一のオーケストラを聴きたい。この二つの矛盾を解決するためには、スリルを味わいながらモグることしかない。

名指揮者マルティノンの振る定期演奏会だ。普段よりずっとお客が多いだろうが、それでも超々満員というわけではあるまい。切符はまだ買えるだろう。だがそういうわけでイヤだ。

特に鳴り物入りのマルティノンだから、いつもより警戒が厳重だろう。余計おもしろいじゃないか。

ぼくたちはもう、とっくにN響の裏方サンたちに有名な存在だったらしい。つまり、モグリの常習犯、ブラックリストの最上位なのである。

どういうわけかわからないが、特にぼくたちへの警戒が厳しかった。他にもモグる連中はいた。そいつらの話によると、わりと簡単だ、ということだった。どうも、ぼくたちが上野からN響定期演奏会場の日比谷公会堂へ向かう、という情報を、裏方さんたちはキャッチしたらしいのである。

裏方さんの大将は、延命《えんめい》という人だった。名前も欲張っていた。千之助といった。日比谷の裏口であれ、どの口であれ、今日ここから忍びこもうとすると、必ずそこに延命さんが立っていた。まるで孫悟空の分身の術のように、たくさんの延命さんが入口を固めているようだった。

もしかすると、向こうも面白かったのではないだろうか。ゲームのようだった。

マルティノンの晩、不思議なことに警戒はなかった。まさかこんな大物のときにモグるまいと思ったのか、名指揮者のために延命さんが忙しかったのか、なんなく楽屋口を突破した。

薄暗いステージの裏にぼくたちは直行した。こういうときは、一見、楽器運びの学生アルバイトのように見えたほうが無難だ。いやだったけれど、黒い上下の背広を着ていた。ネクタイも締めた。他のオーケストラとちがい、N響はこういうことまできちんとしていたのである。

日比谷公会堂は、もちろん音楽専門のホールではなかったが、オーケストラの後ろに大きな反響板があり、真ん中に小さな扉があった。両ソデは狭く、全員が一ぺんに静かに速くステージに出入りできないから、バイオリンの人たちは下手《しもて》、コントラバスやチェロ、ビオラは上手《かみて》から、管楽器の人たちが後ろの扉から出入りしていた。

当時は粗末なステージだった。

後ろの方に「山台」といって、指揮者から遠い奏者たちのために段がつくってある。たくさんの弦楽器の後ろに一段の山台、そこに木管の人たちが二列に並ぶ。一段高くなって後ろが金管という具合だ。バイオリンの後の方の人たちも、我々は「平土間《ひらどま》」と呼ぶが、同じ平面の上だと遠くの指揮者の棒が見えないから、山台一段である。山台といっても、ヒドイもので、体制の権化のN響でさえ、たたんだ譜面台を出してしまって空になった箱を、いくつか置き、その上に板を渡したようなものだった。金管楽器は三段の山台の上に座って吹いている。譜面台の箱を三つ重ねて高くしたわけである。指揮者に向かってその前が二段、一段というようになっているから、客席からはちゃんとしたステージに見えるのである。

ナオズミとぼくは、裏の反響板の扉から、山台をつくっているたくさんの譜面台の箱の隙間にそっと入りこんだ。まだお客は入っていない。ステージの上も暗い。

板を渡しただけだから、いちばん高い山台、つまり金管楽器奏者たちの足の下になるところで中腰になると、二段との隙間から、指揮者をちょうど真正面に見ることができる、と考えたのだ。

現在ならステージの真ん中に指揮者の正面アップのための小さなテレビカメラを置く。ちょうどこの位置にぼくたちは潜りこんだわけである。

いまは、テレビ中継のおかげで、だれでも指揮者の、指揮している最中の、顔や動きを知っている。しかし当時は、自分がオーケストラのメンバーでないかぎり、絶対に見ることのできなかったアングルだった。

息をひそめての長い中腰は、なんともつらかった。

客席がだんだん詰まってきた。頭の上の板が、ガタガタ、ミシミシという。楽員たちが、ステージに上ってきたのだ。音合わせが始まった。静まった。

マルティノンの登場。万雷の拍手である。

ナオズミが手を動かそうとした。こんなところで拍手をされたら大変だ。ぼくはムズと、やつの腕を抱えこんだ。手を叩いたら、つかまって追い出されるに決まっているし、それにさぞやラッパ吹きたちがびっくりしたことだろう。足の下でいきなり、パンパン拍手の音がすることになる。

聴衆におじぎをしおわって、マルティノンが正面を向いた。ドキッとした。見つかるのではないか。まさにテレビのアップなのである。目線が完全にわれわれを向いている。

棒をまっすぐ正面に上げ、左手の甲をこちらに向け、しかし、柔かく縮めている。首をちょっと右へかたむけた。目をつぶる。棒の先が少し動いた。

われわれの顔の高さ位置のちょうど三メートル前からフルートの音が聞こえだした。ドビュッシーの「牧神《ぼくしん》の午後への前奏曲」の始まりだった。中腰にかがんだわれわれの顔は、山台二列前のフルートの吉田雅夫《よしだまさお》さんの楽器の位置だったのである。その後に続く柔かい弦の音、こんなに軽い、しかも上品な響きは生まれて初めて聴いた。ドイツ系の指揮者ばかりが指揮しに来ていた日本で、フランスからの指揮者は、初めてだった。

夢のように一曲目が終わり、しかし、二曲目は何だったろうか。あまりの興奮で、覚えていない。

休憩になった。

恐かったが、ぼくたちは前に移動し、腹這いになった。反響板の扉から休憩のために出てくる楽員たちに見つかったら大変だからである。次がベルリオーズの「幻想交響曲」である。これを見たかったのだ。追い出されたら、何もかも水の泡である。

休憩の二十分間が何時間のようにも感じられた。万が一にも見つかったら、という心配と、箱と箱の間の床に、情ない姿で這いつくばっている疲れで、次の「幻想」を見るのは、やめてしまいたいくらいだった。

敵の真っ只中なのだから、話もできない。そして暗い山台の下でひっそりとしていると、緊張のせいもあって、眠くなってくる。

寝ている間に「幻想」が終わり、お客もオーケストラも去った後、ステージを解体する裏方さんたちが、頭の上の板を取り払ったとき、どんなことになるか、なんて想像する。

頭上が、またガタガタ、ミシミシになり、ぼくたちだけのカメラの枠に、マルティノンの顔が現われる。

出だしが、「牧神の午後」と全く同じ表情だ。こんどは一本ではないけれど、フルート二本、オーボエ……のピアニッシモで始まるからである。「牧神」と同じ場所から、吉田さんのフルートの音が聞こえる。

後悔した。「牧神」とか「幻想」は、まだまだ当分先にならないと、指揮できないと思っていた。だから、スコアを持っていなかったし、ろくすっぽ勉強していなかったのだ。

マルティノンの登場は、日本音楽界にとっては歴史的な事件だった。

だが、われわれがステージの上のトランペットたちの下にもぐりこんだのも、誰にもいえないが、歴史的な快挙のはずである。ナオズミは、ぼくよりはるかに、ドビュッシーやベルリオーズを知っていたらしいが、不勉強の結果、ぼくはただただ、マルティノンの表情に見惚《みほ》れるだけだったような気がする。しかし、やはりためになった。

音楽会が終わった。長い拍手が終わり、頭の上でダダダダ……というすごい音がした。オーケストラが全員、引きあげるために立ち上がったのだった。

この前にも、オーケストラは何度も立ち上がっていた。指揮者が聴衆に、オーケストラへ拍手を、というふうにみんなを立たせるからである。このときは、あまりダダダ……とは鳴らなかった。やはり静かにその場ですっと立つからなのだろう。

終了後の地鳴りは、緊張の音楽会がすみ、一刻も早くどこかへビールを飲みに行きたい、という感じだった。

われわれも同時に中腰のまま後ずさりし、楽員の労をねぎらうために、反響板の真ん中の扉を二人で手分けして、さっと開け、両脇に立って、出てくる楽員たちにおじぎをした。

最初に出てきたトロンボーンがびっくりした。

「なんだ、きみたちは」

どうせ顔見知りである。

「ウエッヘッヘッへ……」

みんな、不思議そうな顔をして出ていった。

次の年に、カラヤンが来日した。マルティノンがヨーロッパの現役一流なら、カラヤンをどうたとえればよいのだろう。

四十五、六歳の気鋭だったが、すでに超の字が三つも四つもつくような大物だった。しかし、まだ、あのフルトヴェングラーにシャットアウトされていて、ウィーン・フィルとベルリン・フィルにどうしても食い込めなかった時期である。この年、カラヤンは、なんと、二ヵ月間N響を指揮したのだ。

その後フルトヴェングラーが亡くなり、二、三ヵ月後にカラヤンのウィーン国立歌劇場総監督、ベルリン・フィルハーモニー常任指揮者就任のニュースを聴いた。

N響とは何の関係もなかったのに、われわれは、カラヤンの練習スケジュールを手に入れ、ワクワクしながら、最初の練習日を待った。

しかし、N響の練習所のガードは堅かった。関係者以外は、だれも練習をのぞくことができない。音楽会にモグるよりもっとむずかしいのだ。第一、入口が一つしかない。練習所は、新橋の近くの内幸町のNHKの裏にあった。日比谷公園の近くでもある。プレハブ風のちゃちな二階建てで、現在の高輪《たかなわ》にある、窓のない真四角のデンとしたのが建つまでの仮住まいだった。

粗末な階段を昇ったところに入口がある。

右横にすぐ、指揮者室のドアがある。部屋は踊り場に突き出るようにして作られていたわけだ。ドアを開けると、細長い、楽員の休憩場がある。玄関らしいものは何もないのだ。

ドアから左数メートル先に、練習室の扉がある。右横は、楽譜室である。膨大なレパートリーを管理している。

練習室はだだっ広く、なにしろ仮の住まいなのだから、天井は低く、音響のことなんか構っていられなかったのだろう。扉から五メートルぐらい先が、第一バイオリンの列で、斜め右数メートル先に指揮台があるわけだ。練習室の後ろの方、つまり、打楽器や金管楽器の横の方には左右に二つ入口があるのだが、これは、開かずの扉である。楽員が遅刻しても、隠れて入って来れないようにしたのだろうか。

こんなことは、ぼくのほうがナオズミより知っていた。二、三回、練習終了後に知り合いの楽員を訪ねていったことがあったし、一度だけエキストラとしてタイコをたたきに行っていた。

朝九時半、楽器を抱えた楽員がゾロゾロ階段を昇っていくのにまじって、入りこもうとしたが、入口には例の延命さんが仁王立ちになっていた。しまった、これはまずい。

「おまえらこんなところにも来よったんか。とんでもないやつらじゃ。帰れ、帰れ」

小男のくせに、大きな声を出す。妙なアクセントのあるしゃべり方だ。あきらめる。楽員室の反対側の階段を試してみる。ドアはロックされている。開始時間の十時が近づく。二人とも焦った。

途方にくれながら、全然使われていない階段を、上へ行ったり、下へ行ったりした。ワーグナーが始まったらしい。「ニュルンベルクの名歌手《マイスタージンガー》」の最初のハ長調がかすかに聞こえた。

プレハブの安建築なのだから、防音上の欠点がたくさんあるはずである。ナオズミと二人で、壁に耳をくっつけながら、ズルズル上り下りした。音がわりに聞こえるところを発見し、耳をずっとくっつけてカラヤンの練習を聞いた。

しかし、オーケストラが大きな音を出すときだけ聞こえるのである。時々音が止まって、カラヤンがオーケストラに要求しているらしいのだが、こちらにはただの空白になるだけである。それでも、耳を壁にくっつけていた。

十一時ちょっと前に、下からコツコツと、靴の音がした。延命さんだろうか。いや、ちがう。あの人はいつも、音のしないラバーソールをはいて、ヒタヒタ走ってくるのだ。

守衛さんだった。アヤシイのがウロウロしているから、という急報が入ったわけではないだろう。この間、だれにも見つからなかったはずだ。

「もしもし、あんたたち何してるんですか?」

「いえ、あのー、その……」

「オレたちはねェ、カラヤンの練習を、聞いてるんでさあ」

「カラ?」

このおじさんは何も知らないのだ。定期巡回をしているだけなのだろう。退散した。

いまいましいから、もう一度あっちの階段に行こうじゃないか。

幸い、だれもいない。意外にシーンとしている。ドアを開けた。左五メートル先から精悍《せいかん》な中肉中背の男が歩いてくるところだった。日焼けした顔に、茶褐色の目。目の前すぐのドアが開いたのに、チラとも視線を動かさず、まっすぐ前を見たまま、ツカツカと歩いてきた。こわくなって思わず顔をひっこめた。すぐ右の指揮者室のドアの音がした。

休憩にして、練習場から指揮者室に引きあげてきた、カラヤンだった。

すぐに休憩場は、ガヤガヤの声でいっぱいになった。みんなが、カラヤンとの最初の一時間の練習の感想を述べあっているのだろう。興奮しているようだ。

だれもいない、階段のてっぺんの、ドアの前にいて、何かものすごい疎外感だった。再度ドアを開ける勇気はなかった。すごすごと二人でゆっくり、階段を下りた。

カラヤン指揮のN響定期演奏会は二回あり、同じプログラムが二回ずつだったから、ぼくたちはその全てを聴きにいった。他にも特別演奏会がいくつかあった。

シャクだけれど、切符を買っていった。超大物のカラヤンや体制の権化のオーケストラにもうけさせたくなかったが、あまりにも警戒厳重なので諦めたのだ。マルティノンのときのように、ステージの下の特別席からというわけにはいかず、客席から後姿を拝んだのだった。

かなりポピュラーなプログラムもやった。

「アイネ・クライネ・ナハトムジーク」までやったくらいである。

両足を少しだけ開き、腰から下をまるで大地そのもののように固定し、上体を少し前に折り、両手を美しく円運動させる。首をうつむけ、必ず目をつぶっている。一見よくわからない棒のように見える。いわゆるカラヤン・スタイルである。

モーツアルトが終わったとき、ナオズミが小声で囁いた。

「ヨー、すげえテクニックをしてやがるな。出だしのタタキなんか、完璧だぜ」

そのころぼくはまだ、「タタキ」なるものをよく知らなかったが、ナオズミは小澤征爾君等とともに、齋藤秀雄先生の高弟の一人でもあった。

齋藤先生は、プライベートな「齋藤秀雄指揮教室」を、目白の自由学園の教室を借りて開いていた。

「タタキ」は、齋藤式理論の原点である。たとえば、顔の前あたりの高さにボールを持ちパッと離す。お腹の前あたりに机があるとする。ボールはその机に落下する。手を離した瞬間、ボールはまだ空中に、○・○○○…秒静止しているわけである。引力に引っぱられて落下しだす。初速ゼロから加速する。加速が続いて机に衝突し、一瞬、はずんでまたもとの位置に戻る。

この場合、衝突の一瞬前にもっともスピードが速いわけで、その速い一瞬にそのスピードではねあがり、だんだん減速してもとの場所に戻る。スピード・ゼロからまた同じ落下運動を繰り返す。

指揮棒の先の動きをボールと同じにさせて、この加速と減速の原理で、架空の机をたたくわけである。

えらく難しく聞こえるだろうが、要するに万有引力の法則に忠実に従っていれば、指揮棒一本でリズムのポイントをはっきり表わすことができる、というわけだ。

くどくなるから避けるが、他にも「シャクイ」「先入」「直接運動」……、というようにたくさんの物理的運動が名づけられていて、これをひととおりマスターするためには、「指揮教室」に四年通わねばならない。

「そんなバカな」

ナオズミのいうわけのわからない用語の羅列に、ぼくはいつも反発していた。指揮は心なのだ、表現なのだ、とぼくは思っていた。オーケストラにどうしてもある演奏をさせたいなら、場合によっては、逆立ちしたって、何したっていいじゃないか。指揮に「テクニック」なんか存在すべきでない、というのがぼくの意見だった。

「表現するためには『テクニック』がなければ不可能だ」

ナオズミとはいつもこれでケンカした。

「一度でいいから、齋藤先生の教室をのぞきにきてみろよ。本当にためになるんだから」

「いやだ。指揮に『テクニック』なんて、不潔だ」

ナオズミが、カラヤンの「アイネ・クライネ」の第一拍の、テクニックの完璧さを囁いたとき、ぼくはふと、「齋藤教室」をのぞきにいってやろうかと思ったのだった。

一連のカラヤン公演が終わってから、ナオズミに連れられて、目白の自由学園の「教室」に行った。半信半疑のまま次の週にも行き、結局、ぼくは「指揮教室」の生徒になった。「タタキ」の習得だけでも、三ヵ月かかった。

そうやって齋藤理論を一応理解したつもりになったころ、ぼくは毎日曜日の朝の「教室」に通うのをやめてしまったが、本当に指揮そのものを勉強したのは、この一年足らずの間だけだったと思う。

　そしてそのころ、あのときナオズミが、カラヤンのテクニックの完璧さに驚嘆するのをおそまきながら理解したのだった。

　一般的には、カラヤンの指揮は、流麗で美しく、ただただひとを魅了するのみで、悪くいえば、大スターは超一流のオーケストラしか振らないから、何をやってもオーケストラが勝手にうまく奏《ひ》いちゃうのサ、という声もある。

　しかし、その後、数知れぬほどの彼の音楽会や練習、レコーディング等を見たぼくは断言できる。あれほどのテクニシャンはいない。まさに、本当に天才なのだ。

　ただしカラヤンは、齋藤先生に「タタキ」等を習ったわけではない。世界中の名指揮者も指揮をそういうふうに教えられたわけではない。

「齋藤理論」は、生まれながらにしてすばらしい指揮をしている人たちの動きを、分析して組み立てたわけである。

　もしかしたら、先生は、恐しく不器用だったのではないか。だから理論づけしようとした。

　この理論を実践すれば、生まれつき指揮者としての才能を全く持っていない人でも、一応の指揮ができるようになる、というスゴさがある。本職の指揮者とはいえないまでも、方々の合唱団などを指導しているひとたちには、齋藤先生のおかげで、というのが沢山いる。

だから小澤征爾、山本直純、秋山和慶《あきやまかずよし》、尾高忠明《おたかただあき》、井上道義《いのうえみちよし》等も、生まれつきの才能ゆえに「齋藤理論」の究極の産物であるし、だから逆に、「齋藤理論」の産物ではないともいえる。

チャンス到来。カラヤンの最後の音楽会は「第九」だった。藝大の合唱団が起用された。つまり、出演者多数ということなのだ。二百人ぐらいのコーラスが、楽屋にゾロゾロ入るのである。

ぼくは合唱の副科の単位をとってはいたが、十分に出席時間をこなしたものしか、カラヤン指揮の「第九」に参加を許されなかったから、ぼくたちにはその資格がない。ナオズミはこの単位をとっていない。歌なぞできるやつではないのだから。

コーラスの中にまじって、カラヤンを正面から見るのは魅力だったが、「フロイデ」を叫びながら見るのはいやである。それに、テレビの初期の時代になっていて、正面からの姿をすでに見ることができた。

「正面」よりも、ぼくたちがやりたかったことは、これまで練習、本番を通じて、一度も果たせなかった「モグリ」である。

黒服に黒蝶ネクタイといういでたちで、音楽会の一時間前に、日比谷公会堂の楽屋の階段の下にぼくたちはいた。合唱の女の子は、白いブラウスに黒のスカート、男の子はこういう格好をと、指定されていた。

大勢の本物の中に混じって、ドサクサまぎれに楽屋に入りこもうというわけである。みんな胸に通行証をつけていた。似たようなのを作った。

上の方で、

「さあ、皆さん、ここから入って！　静かに急いでください！」

例の延命さんだ。羊の大群はゾロゾロ移動する。

曲目は「第九」だけだった。日比谷公会堂に、二百人の合唱を収容するような楽屋はなかった。だから、開演時間直前に彼らを入れて、そのままステージに直行させたのだろう。

両開きの戸を半分だけ開け、延命さんが目を光らせている。同時に二人しか通過できない。一緒ではまずい。

ナオズミは羊の大群のいちばん先の方に混じって、突破した。さあこれから入場というとき、大勢が狭い入口に殺到するわけだから、延命さんは忙しいのだ。

ぼくは群れの最後の方に混じった。もうちょっとで全員の入場が終わりそうだというとき、監視役は油断するだろう。うまくいった。

ナオズミが片隅の暗い便所の前でぼくを待っていた。羊どもはそのままステージに追いたてられたわけだが、トイレに行くふりをしたのだろう。

楽屋の入口に羊どもがいなくなり、延命さんはコーラスの並び方を整えるためにそっちの方へ行ってしまった。

入口の左側はオーケストラの楽屋で、ピーピーガーガー音を出している。

「オメェヨー、せっかくここまで来たんだから、アイツの顔を見ていってやろうじゃねぇか」

やっと第一歩を成功したのだから、そんなことをやって失敗したらどうするんだ、とたしなめたかったが、そんな時間はない。ナオズミはツカツカと「指揮者室」と書いたドアのところに行ってしまった。ぼくはあわてて追いかける。

ドアをさっと開けた。珍獣見物のつもりなのだから、ノックなんかしない。まぎれもないカラヤンの顔がそこにあった。とがめるような目をしたか、怒った顔をしたか、全然覚えていない。

背後で、

「コラッ！」

大声がした。延命さんだった。肩をつかまれた。

「おまえら、こんなとこまでよくも……」

「ワーイ」

小柄な延命さんの体をふりはらい、一目散に舞台に駆け上がった。

コーラスは整然と並んでいたが、オーケストラはまだだれもステージにいない。二人は空っぽのステージに所狭しと並んでいるいすや譜面台の間を、ジグザグ一回りし、ステージから客席へ飛び下りた。客はもう半分ぐらい入っていた。ゾロゾロ、席を探したりしている。

「こら、待てっ」

延命さんが追ってくる。

「おまえ、あっちへ行け」

「オオッ」

陽動作戦はそば屋との鬼ごっこで、もう慣れている。今度も運の良いことに敵は一人だった。裏方はたくさんいたのだから不思議だが、裏の親方として、カラヤンの世話をするのは延命さんだけだったのだろう。突嗟《とっさ》に追っかけてきたので、援軍を呼ぶ暇もなかったのが幸いした。

「ヤーイ、こっちだぞー」

一人が入ってくる客を押しのけながら客席の通路を、まっしぐらにロビーの方へ走る。

「このやろうっ」

延命さんも走る。

　もう一人が先回りしていて途中の通路の角で、

「バアーッ」

とやる。「バアーッ」は横へ逃げ、ロビーからとって返した「ヤーイ」が延命さんの背をたたく。一階から三階へ、他は一階から二階へ、二人の牛若丸と、小柄な一人の弁慶だ。

　延命さんは、客席ではもう声を出すことができなかった。そんなハシタナイことはできないのだ。それはそうだろう。カラヤン指揮の「第九」のN響の事務局員なのだから。でもぼくたちは、そんな気をつかう必要がなかった。

「ここまでおいで」

「ホラ、もうちょっと」

　弁慶はゼイゼイ、ハアハアいいながら、無言でぼくたちをつかまえようとする。

　開演五分前のベルが鳴った。この人には重要な職務があるのだ。

「覚えていやがれ、てめえら！」

　小さく叫んでステージの方へ行ってしまった。

　ぼくたちは、二階の左端の、カラヤンが一番よく見える階段に、ペタリとすわった。

　売り切れ超満員だから空いた席は無論ない。

　汗がドッと吹き出した。「ヤーイ」とか「バアーッ」の最中、息を切らさなかった牛若丸たちは、オーケストラが静かに音を合わせだしたとき、急にハアハアゼーゼーになった。

カラヤンがゆっくりステージに出てきた。われんばかりの拍手。こちらはハアハアゼーゼーで拍手どころではない。

この一瞬前「マエストロ・プリーズ」といって、指揮者をステージに出したにちがいない延命さんも、舞台の横でいま、ハアハアゼーゼーやっているだろう。

カラヤンが、棒をゆっくり、ゆっくり下ろし、一番下にいったとき、「第九」の頭のピアニッシモが始まった。

Chant des forêts　森の歌

「学響」をでっちあげてから二年たち、定期演奏会は合計四回やった。

本来、「定期」と名付ける以上、それこそ毎月とはいわないまでも、隔月にやりたいところだが、そうはいかない。だが、そのほかに、「木曜演奏会」で年に二、三回演奏する仕事(?)もできた。ソリスト希望のピアノやバイオリンの生徒たちに買われて、コンチェルトを演奏するチャンスも貴重だ。

買われて、といっても大したことはない。終了後キャッスルで、全員がケーキと紅茶をふるまわれるのだった。

最初のころ、ようやく軌道にのったと思ったら、一騒ぎあった。教授会で、弦の老教授が問題にしたというのである。

「我々の生徒が、作曲科の山本の指揮で奏いているのは許せる。だが、タイコのアイツに、というのは問題がある」

　という発言だったそうだ。

　もちろんその場の空気は知らないけれど、民族差別これにきわまれり、である。打楽器の先生は、ムッとして、黙っていたらしい。気持ちはよくわかる。

「彼も私の副科の学生です。私の科で正式に勉強している生徒がなぜいけないんでしょう」

　静かなアケちゃんの発言で収まったそうだ。これまで何度、助けられたことか。

「定期演奏会」はいつもナオズミと二人で手分けして指揮し、前半と後半も一回ごとに交代した。これで公平、というわけである。もっとも、美しいソリストと協演する幸運もあったり、トリの曲だって片方が派手な大曲をやったり、やはり、ケンカは絶えなかった。

「定期」以外に年に一度の秋の藝術祭で特別演奏会をやり、それがメイン・イベントになった。「学響」創立の年は、一応上級生のぼくが、指揮した。二年目は、だから、ナオズミである。

　ぼくは「運命」を主にしたプログラムを組み、公約どおり、作曲科の学生の作品を指揮した。学生の作品は、世界初演ということであるし、「運命」はやはり壮大で、それはそれで派手だった。

ナオズミは、ドエライことを考えついたのだ。当時世界中でセンセーショナルに迎えられていたショスタコーヴィッチの「森の歌」である。歌のソリスト二人、大合唱付きの大曲だ。大勢の合唱団を集めるなんて、ぼくには考えもつかないことだった。

ヤラレタ、と思った。いまいましいが、ぼくは打楽器のほうにまわる。といっても、二人のオーケストラであるから、ぼくも一緒に働く。指揮をするだけのナオズミに対して、ぼくはもっぱらタイコと譜面係兼バンドボーイ専業である。だから、忙しいティンパニーは下級生にまかせ、ぼくはシンバルを担当したのだった。

前年の藝術祭のときは、この反対だった。

普段、ウタウタイどもをバカにしていた報いでコーラス集めが難航した。かなり歳をくっているが、ナオズミと同じクラスに、コーラスグループを作っている男がいた。こいつも指揮をするのが好きらしく、常に落ちつき払って、ボスの役割をしていた。こいつも指揮をするのが好きらしく、だが、ウタウタイの指揮者なんて、われわれにとってはメじゃなかった。カエルみたいな顔をしていた。

このカエルに話を持ちかけた。それなりの報酬がなければひとは動かないものである。

「どうだ、きみ、オペラの演奏会形式を、やってみたくないかい？」

「ええ、それはいいですね。でも、オーケストラがねえ……」

「それはヨー、オレたちのを振らしてやっからサー」

手の内を、あまり先に見せるのはまずい。ぼくはナオズミをさえぎって言った。

『魔笛《まてき》』っていうと、コーラスが要りますねえ」

「ええ、それは僕たちが作っているグループがありますから、心配いりません」

「なるほど」

一呼吸おく。

「何人ぐらいですか?」

「モーツアルトだから、二十人ぐらいもいれば十分です」

「それっぽっちかアー」

シッとナオズミを制し、

「きみはそれよりはるかに多い人数のオーケストラを指揮するわけでしょう」

「それはそうですね」

「それだけを集めるのはなかなか大変なんだよ。どうでしょう。ぼくたちもきみを見こんでお願いがあるんだけど」

カエルの目に警戒の色が走る。

「きみの実力で、オーケストラと同じだけの人数のコーラスを、集めてくれませんか」

「うわあ、それは大変だなあ。即答できませんが……」

「森の歌」の大計画を打ちあけ、「魔笛」のオーケストラには、何しろモーツアルトだから、どんなに音色の美しい奏者を集めなければならないか説明し、そちらのほうに疎いカエルをうまいこと、まるめこんだ。

「森の歌」には、混声合唱と児童合唱が必要だが、子どものところは、ソプラノたちに歌わせればいい。われわれもカエルに、まさかそこまで頼もうとは思わなかった。

もっともこの曲には、テノールとバスのソロがあるので、その人選は、彼に頼んだ。

実は「魔笛」は四十三人ぐらいの小編成でいいのだ。「森の歌」ときたら、百人を超す大オーケストラなのである。「魔笛」で恩に着せ、大人数のコーラスを確保しようというのだ。

「『魔笛』にはチェレスタが要りますが、ピアノ科の生徒は小節の勘定ができないでしょう。だれかあてがありますか」

そのころナオズミが、夢中になっていた彼女を押しつけようとした。

「いいえ、わたくしには……」

こいつはなんと、オレたちに「わたくし」と言いやがる。

「連れあいがおりますから」

仰天した。それはそうだ。かなり歳をくっていそうだから、そのくらいいてもおかしくない。

現に同級生のクラリネットで、学校の近くに下宿していて、放課後、校門のところで、赤ん坊を抱えている女の子に向かって、

「カアチャン」

と叫んで駆けよるのもいたのだ。

別れてから、ナオズミがいった。

「アノヤロー、ひでえやつだ。てめぇの彼女に弾かせようって言うんだから」

「同じじゃないか。こっちもおまえのジョノカを入れてやろうとしたんだから、ブツブツ言うなよ」

「まあ、オレが振るわけじゃねえもんなー」

納得したのだった。

「森の歌」の世界的人気はすごかった。ぞくぞく、色々な種類のレコードが店頭に並んだ。

ショスタコーヴィッチは、説明の必要はないだろうが、今世紀の偉大な作曲家の一人である。十五曲書いた交響曲、いくつかのオペラ、種々の協奏曲等の中の何曲かは、確実に後世に残る存在だ。

戦後、彼は政府に、強烈に批判された。有名な、一九四八年の「ジダーノフ批判」

である。

そのころ、非常に芸術的な作風になり、資本主義的堕落として、ほとんどパージ寸前になった。

そこで、一挙名誉回復を図った一連の曲の代表的な一つが、この「森の歌」である。

スコアの冒頭に、

「ソヴィエト同盟政府は
ドミトリ・ドミトリエヴィッチ・ショスタコーヴィッチの
オラトリオ『森の歌』に
一九四九年度スターリン賞　第一席を授ける」

と麗々しく明記されている。

これで、ソヴィエト連邦の代表的作曲家としての彼の作曲活動は、華々しく再開した。

はっきりいえば、全盛時代のスターリンへの、大ゴマスリである。だから、この時期の彼の一連の作品は、芸術的価値に、大きな疑問がある。要するに、社会主義リアリズムとやらに従ったわけである。

晩年は、暗黒のスターリン恐怖時代も去り、芸術的にはある程度の雪解けを迎えたので、作風は、再度、自己の真の芸術へ戻った。

ほとんど全ての作品のテーマが、「死」であった。死後、息子の指揮者、マキシム・ショスタコーヴィッチは、アメリカに亡命した。父が密かに書きためた文章を発表したが、どのくらい己を捨てて、「ジダーノフ批判」に従い、作曲活動を続けていくことができるようにしたかを、告白している。しかし、とにかく、世界中で、この「森の歌」は、超大ヒットになった。曲のあちこちに、さすがはショスタコーヴィッチと思われる、きらきら輝く作風は見られるけれど、全体としては、どんな人にでも受け入れられるような、実にわかりやすい音楽である。

コルホーズの人たちでも、すぐに歌えるくらい、合唱パートもやさしい。つまり、社会主義リアリズムの極致なのである。作曲家は晩年、本当はこの一連の曲を、破棄したかったらしい。

オラトリオ「森の歌」の詩の中には随所に、「クレムリンに春は来たり　偉大な人きみは今　ふかく祖国におもう」とか、「我等の街　スターリングラード　いつまでも人びとはその名たたえうたわん」「正しきみちをひらき　われらをみちびきぬ　偉大なるわが父よ」等のスターリンへのゴマスリが出てくる。

詩は、ドルマトフスキーという人物の作で、井上頼豊《いのうえよりとよ》、桜井武雄《さくらいたけお》両氏の共訳を引用した。

この、スターリン五ヵ年農業政策の応援歌は、少なくともぼくが知るかぎり、そのわかりやすく壮大な音楽が、わが国で大うけにうけていた。おそらく、世界中同じようだったと思う。一部の熱狂的主義者を除いては、「スターリン」だの「偉大なわれらが父」なんてまったく関係なかったのではないか。

フルシチョフ時代になり、スターリンが否定された後、現在に至るまで、いまだに多くのアマチュア合唱団のレパートリーとして、歌いつづけられている。

本国ではとっくの昔に、演奏禁止になったと聞いている。

合唱集めは予想に反して、全く難航しなかった。むしろ困ったのは曲の人気で、集まりすぎたのである。

ナオズミは、自分の人気のせいだと思いこむ。バカヤロ、曲がはやってるからじゃねえか、と言い争いになる。

大問題が生じた。ひどく老朽化し、危険だ、というので、やっと台東区の公園に移転、修復された奏楽堂である。なにしろ百年以上たった木造建造物なのだ。その当時も、すでに危険だったのである。

ステージに百人近くのオーケストラと、二百人以上集まってしまったコーラスを、一度にのっけてしまったら、大惨事は必至である。せっかく集まったのに、抽選で出演者を絞ることで、カエルは大わらわだった。

「学響」の練習は、いかに藝術祭のための特別行事とはいえ、そうたくさんはできないのである。「魔笛」と「森の歌」の練習時間のやりくりをする必要がある。モーツアルトは、繊細で美しく、透明なアンサンブルを、きちっとやらなければならない。ショスタコーヴィッチは、大規模で、大味ではあるけれど、複雑だ。

われわれはショスタコーヴィッチのあと、もうクタクタになったオーケストラを、カエルに提供しようとするのだが、彼の手腕も大したものだった。すぐにこれが見破られてしまい、なかなか相談がまとまらない。オーケストラの世界では、大編成を先にやり、小編成を後にまわすのが常識なのだ。いらない人間は先に帰してやるのが、指揮者にとって大切なことである、とかなんとか言って、ごまかした。しかしこれは、本当のことでもある。

「森の歌」の練習は、毎回熱気に包まれていた。練習なのに、客席にはいつもたくさんの学生が聞きにきていた。「血のメーデー事件」と六〇年安保の間の時期でもあった。モデル捜しではなく、スターリン讃歌を聞きに熱心に通いつめる美校生が多かった。

本番当日は、大変なことになった。入場無料はもちろんだが、そんなことでこんなにたくさんの人が来るわけはない。大ベストセラーの威力だ。

朝から二時の公演のために、席とりのための長い行列ができ、それは校門のはるかかなたまでつながっていた。

藝術祭は十一月の初めである。だが、奏楽堂は超満員の客でムンムンしていた。ステージの奥のシンバルの場所にいるぼくは、内心ビクビクしながら舞台のほうは規定人数を守っているから大丈夫だろう、と思っていた。客席がつぶれたってこっちは大丈夫、とひどいものだ。

開演間際、ステージへの出口のところで、ナオズミはそわそわ歩き回っている。指揮者係やインスペクターも兼ねていたぼくは、シンバルの席から何度もナオズミのところに駆けこんで、

「落ち着け、オチツケ」

と背中をさする。オランウータンではなく、ノイローゼのアザラシのように見えた。

自治会の作曲科が駆けこんできた。蒼白である。

「超満員につめこんだが、まだ行列が学校の先まで続いているんだ。どうしよう」

ノイローゼのアザラシが大声を出した。

「オオ、いいじゃねーか。二回やったるで！」

もう全員がステージに出ているのだ。オーケストラとコーラスに了解を取る時間はない。

自治会は走って出ていった。入りきれないで並んでいるお客に、

「公演を二回やりますから」

とふれまわるためである。

「オイ、しっかりな」

ぼくはそっとステージに出て、シンバルの前にすわった。ややあって、ナオズミが颯爽《さっそう》と出てきた。すごい拍手だ。シンバルのぼくは、内心クヤシイ。

割れんばかりというより、奏楽堂が崩れ落ちそうな、長い大拍手で一回目が終わった。ナオズミとは入れ違いに自治会がステージに出ていって、解散しようとしているオーケストラとコーラスに叫ぶ。

「いまと同じくらいの客が表で待っているんだ。もう一回やってくれ。な、頼む」

合計三百人に手を合わせた。

まだプロフェッショナルになっていない、若者集団のうれしいところだ。一言も文句は出なかった。みんな興奮していた。

二回目の演奏の直前、ナオズミが、ステージ係を兼ねているぼくの目の前で、さっきの演奏で汗グショグショになった上着を、着ようとして、

「ギャハハ!」

と叫んだ。

「冷たいヨー」

「ぜいたくいうな」

しょうがない。汗を大量に吸い込んだ重い上着を着せてやった。

「さあ、行け！」

ポンと背中をたたいてやったが、ピチャッという音がした。

指揮者が舞台へ出て行く。盛大な拍手が起こる。彼がステージの真ん中に近づいたころを見はからって、裏方のぼくは、そっとステージの打楽器の位置にすべりこむ。どうも裏方というのは、性に合わない。内心くそおもしろくないが、今日は、ナオズミが成功しなければならない日なのである。

一回目も大成功だった。ぼくは、うんとうれしいのと、うんとくやしいのと、両方の、複雑な気持ちだった。

そして、この二回目は、待ちに待って並んでいた客で、さっきよりももっと、超満員だったのである。自治会の連中も、あきらめてしまっていた。三回目の演奏は、いくらなんでも無理だ。だから、学校が何をいおうが、奏楽堂がつぶれようが、知ったこっちゃないと、ギュウギュウに立ち見を詰めこんでしまったのだ。

こういうときの、客の拍手は、本当にすごい。ナオズミが出ていっただけで、まだ何もやらないのに、

「ブラボー！」

「ブラボー！」

の連呼なのである。イマイマシイ。

拍手が静まり、指揮台の上のナオズミは、オーケストラとコーラスのほうに、向きなおった。

足元には、テノールとバスの独唱者が、ゆったりとすわっている。

ナオズミが、ますますエラそうに見える。

指揮棒を握り、下におろした右手首を、左手で押さえ、上着の胸ポケットから、眼鏡をつかみ出した。その太縁の中の眼で、ステージの上をゆっくり見渡す。ナオズミのもう一人の師、齋藤秀雄先生にそっくりである。

パッと指揮棒を挙げる。まるで、フォルティッシモが始まるようである。実は「森の歌」の出だしは、ピアノなのだ。

こういうときにどうするか。われわれはいつも、議論し、討論し、ケンカばかりやってきた。

ピアノで始まるときは、手をふわりとゆっくりしたスピードで、どの位置まで持っていくか。それぞれの個性はあるけれど、少なくともこういう「森の歌」の出だしに関しては、二人の意見は、完全に一致していた。

だが、いまの瞬間のナオズミは、そんなことをスッカラカンに忘れているのだ。打楽器の席から見ていて、こういう彼を、ちょっと大げさだが、ぼくはとてもいとおしく思った。なんのかんのと言っていても、かわいいものだ。

オーケストラもナオズミにつられて、一斉に楽器を構えた。フォルティッシモの迫力がステージ上に満ちた。だれもがピアノで始まるのを知っていても、指揮者から発せられる一種の放射能は、このくらいの威力があるのだ。

勢いよく構えたナオズミは、ちょっと照れ臭そうな顔をして、もうすでに吹き出している汗でずり落ちた眼鏡を、かけなおした。

静かに始まった。ハ長調の単純な出だしで、最初の六小節間、半音が一つもないほどの、聴きやすく親しみやすい音楽である。

ちょっと転調して、シャープやフラットが出はじめるところから六小節目に、バスのソロがある。こんなに大がかりなオラトリオで、満場が固唾《かたず》をのむ中に、一人で立ち上がって声を出すのは、さぞつらいだろう。さっきの一回目では、コイツの体が震えて、両踵《かかと》がカタカタ、カタカタと、トレモロを打っていた。

ずうずうしいことに、二回目は落ち着きはらっている。ナオズミは、この正反対なのである。

短いソロが終わり、男声合唱が独唱をうけて、気持ちよさそうに、ひとくさり歌い出す。八小節の中で、テノール・パートに一つだけ半音がある。実に、実に、コルホーズ向きだ。

「まちはうたにみちてー、はなびそらをかざる」

文句はなんていうこともないが、大きな合唱が柔らかいハ長調を歌う響きは心地よいものだ。

大ベストセラーの秘密ここにあり、である。

第一章は、

「みどりなすー、もりはあけゆーくー」

やはりピアノのハ長調で終わる。最後の「くー」は、やたらに長く、約三十秒ものばしている。

こういうとき、合唱団はものすごく気持ちよさそうである。息を出しっぱなしで、一種の酸欠状態になり、それが恍惚《こうこつ》につながるのではないか。

第二章は「祖国を緑化しよう」である。四分の三拍子のアレグロ、一小節がメトロノーム69の、一つ振りだ。

専門的になるが、速い三拍子を、一小節一拍で振るのはやさしいが、速いといってもこれくらいの、つまり中庸《ちゅうよう》な速さのを指揮することは大変難しい。

齋藤秀雄指揮教室では、「ワルツ叩き」といっていたが、手の振りの中に、三つのリズムを感じさせねばならない。

ボクは、ナオズミの見事な「ワルツ叩き」に見とれていた。

途中で、女声合唱がフォルテで出る。

「あれたちに、いどみてひとびとーはさけぶ……」

こちらは、一緒に歌っているわけではなく、合唱の下稽古はカエルにまかせてあった。変な日本語だな、と思う。「いど」は「井戸」のことだろうか。ロシア語で歌うのは不可能だったが、日本語訳は数限りなく、原曲の音楽のアクセントを壊してしまう。残念ながらしかたがない。

これは現在でも、合唱団やオペラで、だれもが常に悩んでいる難しい問題だ。

女声合唱が「あれた……」を歌いだすとき、ナオズミがコーラスと一緒に、口を開けた。普段でも大きいのが、その四、五倍の感じでパクパクやるのだ。あごがはずれるんじゃないか、もしそうなったら、その途端にぼくは飛び出そう。指揮をかわってやろう。内心期待する。

ナオズミは、コーラスが歌っている間中、口をパクパクやっているが、なあに歌詞をちゃんと知っているわけではないのだ。その方が合唱が歌いやすいからなのだが、ぼくにはよくわかっている。実はいまだに、ぼく自身が同じことをやっているからなのだ。

途中から男声合唱が加わり、

「そこくのだいちをーもりでうずめよや――」

と、まずは最初の盛り上がりで、二曲目が終わった。

一転して暗く遅い曲になる。戦争で荒れた大地の悲惨が、バスのソロで歌われ、そのうちにまた、合唱の全員が参加して、未来への前進を誓いあうのだ。

四番目の「ピオネール」は木を植える」は児童合唱である。女の子たちが、一生懸命子どもっぽい声で歌うのがおかしい。

次の曲、「スターリングラード市民は前進する」で、ナオズミは暴れ狂った。第一回目ではわりと冷静に指揮していたのに、あの調子では、指揮台から客席へ転落するのではないか。心配になる。そして、期待する。どんなときでも、ぼくはぼくで指揮をしたいのだ。

荒れ狂う合唱の、フォルティッシモが長く続いたあと、かわいそうにテノールのソロが一人ぼっちで歌う。ピアノで、

「ちからをあーわーせてもりをひらけばー……」

曲も遅くなったし、少しヒマになったせいか、ナオズミはオーケストラの、柔らかい伴奏を、首だけで、うなづくように指揮をしはじめた。

エライもんだ。ヤツは、汗の滴《しずく》で何も見えなくなった眼鏡を、ふいている。

さっきステージに出る前に、盛大に鼻をかんでいたハンカチだ。よけい見えなくな

るんじゃないかと、また心配である。しかしもうヤツにとってかわろう、という邪念はない。

いよいよ、最終楽章の「栄光」である。

メトロノームのテンポ132、アレグロ・ノン・トロッポの四分の七拍子である。変イ長調で、楽譜にはフラット記号が四ついているが、ただ聴いていれば、要するにいわゆる半音などのない、単純明快なメロディーだ。

「そこくーのつちをまもーるーがーごとく……」

歌うほうはやさしいが、指揮者には、こういう四分の七拍子の連続は、かなり難しい。

二人で「学響」を始めてから、モーツアルトやベートーベンとか、せいぜいブラームスぐらいまでしかやっていなかった。だから四分の七拍子は当時のわれわれには、大事件なのである。

今だったら、このくらいを、変拍子などとは思わないが、どうやってこれを指揮するか、二人で長いこと、研究したのだった。討論とかケンカではなく、二人で知恵を出し合ったのだ。

要するに、「森の歌」の指揮者にとっていちばん難しい終曲に到達したのである。さっきの一回目の演奏では、ナオズミは、ここでわりと安全運転をしていた。この楽章で、「藝術祭『学響』特別大演奏会」のイベントが終わるのである。

ナオズミは、四分の七などものともせず、まず指揮台の上で、跳び上がった。すぐコーラスが歌いだす。本当はここで児童合唱も一緒に歌いだすのだが、そういうわけにはいかない。それでも、そのつもりなのだろう、何人かのソプラノが、わざと一オクターブ上げて、キンキン歌っている。

同じことが練習でもあったが、「バカヤロー、ふざけるな！」のナオズミの一喝で、大人のパートにもどったのだった。

しかし、ナオズミは大暴れの指揮をしながら、練習のときとは逆に、そちらの方を向いてニコニコ笑っていた。

クライマックスにこのままなりそうなときに一瞬オーケストラは静まり、バスのソロが冒頭のメロディーを、朗々と歌う。すぐテノールが加わる。そして、全合唱のフォルティッシモになだれこんでいく。

うまくつくってあるものだ。本心はスターリンへのくやしいゴマスリであったにせよ、さすがにショスタコーヴィッチは偉大な作曲家である。社会主義リアリズムとは、こういうものなのだ。どうだ、ちゃんと見事に書けるだろうと、作曲家がスターリンに、叫び返しているようにも思える。

そして、民衆は熱狂するのだ。歌うほうも、聴くほうも。

だれよりも指揮者が興奮していた。何度もとびはねた。シンバルを打ち鳴らしながら、何度も「ウォーッ、ウォーッ」の叫び声を聞いた。オーケストラとコーラスの、全員のフォルティッシモをこえて、ナオズミの叫びが響きわたったのである。

これでわれわれの「祭り」が終わるのだ。なんだか惜しくてたまらない。永遠にこのまま続けたい、というような熱気が、奏楽堂全体に溢《あふ》れていた。

ぼくは楽器係の石川さんに無理をいって、とっておきのシンバルを持ち出していた。由緒ある、手作りの大きな年代ものである。素晴らしい音がした。

最後の一発。指揮台のナオズミと目が合った。渾身《こんしん》の力で打ち鳴らした。グシャッ。妙な音がした。

明治からの、藝大の宝物は、見事まっ二つに割れていた。石川さんの泣きそうな顔が目に浮かぶ。

しかし「ブラボー」の嵐の中、興奮の極みのぼくは、指揮者のナオズミだけを凝視していた。ナオズミは両手を大きく挙げ、オーケストラ全員を立たせてほめたたえた。ぼくも胸を張って客席を見渡した。すると得意満面で客席におじぎをするナオズミの背中がとてつもなく大きく視野いっぱいに広がったのだった。

「祭り」が終わった。

Códa　あとがき

この本が、単行本として世に出たのは今から約十五年前のことになる。ぼくは指揮者の職業病とも言える病気で入院する直前だった。頸椎後縦靭帯骨化症《けいついこうじゅうじんたいこつかしょう》という難病の手術をするために四ヵ月半の病院生活が待っていた。手術の半年ほど前から、ぼくは腰から下の運動神経の麻痺のために車椅子生活をよぎなくされ、ステージでも座ったまま指揮をしていた。

指揮者がみんな、そうなるわけではない。生まれつきの体質からくるものらしい。だが、運の悪さを恨む気は毛頭なかった。なりたくて、なりたくて、たまらなかったから、指揮者になったのだ。

単行本『森のうた』の企画が持ち上がってから入院までは時間がなく、しかもぼくの指はペンを持って書くことが出来る状態ではなかったので、当時朝日新聞社でぼくの担当編集者だった川口優香里さんが口述筆記でまとめてくれた。

もともと、山本直純との藝大時代の話はいつか書きたいと思っていた。それで酒席で川口さんにいくつかのエピソードを話した。彼女は、ゲラゲラと笑い転げ「その話、面白いですよ。オカシイですよ。本にしましょう」と言い、本当に入院前に目鼻をつけてくれたのである。

その夏、ぼくは軽井沢で静養した。川口さんは、忙しいなか八日間、口述筆記のためにきてくれた。一日に平均四十枚のペースだった。駄目な日は十五枚、調子にのると六十枚、という具合である。一字一句、ゆっくりという。

「かぎかっこ、はんぺんみたいなのが……、『はんぺん』はカタカナで……、くるわ。『くる』は漢字、『わ』は、ひらがなです。かっこ閉じる」

これで「ハンペンみたいなのが来るわ」になる。

頭にあるものを伝えるのだが、文の終わりなどが難しい。「……である」と言うと「その言い方、二度続きました」と注意されたりした。スコアを暗譜するとき、ぼくは目を使う。楽譜そのものを頭の中にコピーして、本番ではコピーされた架空の楽譜を見ながら、指揮をするというわけである。口述も同じだと思った。口にしている行の前後も見えていないと、文章は作れないのだ。

一日が終わると眼の奥が痛み、脳が痺《しび》れるほど疲れた。川口さんの右手首は腱鞘炎《けんしょうえん》になった。この本は、ぼくと川口さんの共同作品である。こういうことは、こんな場でないと言えないことだ。本当に心から感謝している。いま、川口さんは浜離宮朝日ホールにいる。まだまだ一緒に仕事をしている仲だ。もちろん日頃は、照れくさくてこんなことは言わない。

観音さまの御利益《ごりやく》か、あの時の大手術をはじめ、何回かの入院生活を乗り切って、ぼくはいまもステージに立っている。長いこと会うことはなかったが、ナオズミもそれなりに元気にやっていると思っていた。

それなのに、平成十四年六月十八日、ナオズミは突然、帰らぬ人となってしまった。

われわれ二人は大学では作曲科と打楽器科だったが、なんとか指揮者になりたかった。学生時代は二十四時間一緒だったといってもよかった。ぼくはナオズミの才能のすごさには、まったく太刀打《たちう》ちできず、とにかく彼に追いつこう、というのだけがぼくの学生生活だった。

「大きいことはいいことだ」のコマーシャルの大ヒットのころから、指揮者としての彼は、大衆に愛される音楽に邁進《まいしん》していったようである。映画の「寅さんシリーズ」のテーマを作曲したり、テレビ番組にも出演していたから、彼の追悼番組ではそんな紹介や、当時の番組の映像が何度も放映された。

どれも確かにナオズミだった。でも、それは一面でしかない。ぼくは、この本を通してナオズミの音楽家としての本質、彼の指揮法への真剣な探究心を、今の人たちにも知ってもらいたいと考えたのだった。

ぼくが、そんな話をしたのはまたもや川口優香里さんだった。彼女は、単行本を出すときに見せた迅速さをもって、講談社文庫と話をまとめてきてくれた。それで、もう一度、文庫として誕生しなおすことになった。本文は、ほとんど変更を加えなかったが、単行本あとがきと朝日文庫のあとがきがあるので、またも講談社文庫版あとがきを加えることは避け、このあとがきに一本化した。

子供のころの、「観音さまの湿布」の話を書いた。あの観音さまは、いまはぼくの家に安置されている。

最後の東京大空襲で焼け出された翌朝、自分の家があったところに戻ったときのことだ。あたりは見渡すかぎり赤茶けた地面が続いていた。ぼくは仏壇があったはずのところを懸命に棒で突いた。土というか、灰の下五、六十センチのところに手ごたえがあった。必死になって掘り出した。

観音さまは健在だった。まだ熱かった。何の合金なのだろう。あのものすごい火の中でよくも溶けなかったものだ。金箔が溶け、もちろん台座は焼けてしまったが、ぼくの好きな顔は全然変わっていない。はげちょろけの観音さまは、丈が六十センチあり、すごく重かった。十五キロはあるだろう。

その日、金沢に発つことになっていた。親類を頼っての、焼け出され難民である。上野駅から一日に一、二本、まだ汽車が出ているということだった。窓からでも乗り込めたら幸運、みたいな超満員の難民列車で観音さまを持って行くなんてとんでもない、焼け跡に置いてゆくと言われ、ワァワァ泣いた。前の年にぼくの左足切断を救ってくれた観音さまなのである。あまりにもぼくの泣き方がすごかったのだろう。結局、七つ上の兄がリュックで背負うことになった。

その後何十年もの間、観音さまは父の家に横たわっていた。台座は焼けてなくなったまま、顔もはげちょろけのままだった。信仰心の厚い父のことだから、そのままにしていたのは、それなりの意味があったのだろう。

非宗教人間のぼくだが、頸椎の手術のときは父に頼んで、このはげちょろけの観音さまと一緒に入院した。父の条件は、朝晩お水をお供えしろ、というのだったが、忙しいぼくはしばしばお供えをサボってしまう。ぼくを救ってくれた観音さまなのだ。きっと満身創痍《まんしんそうい》で仕事をしているぼくを許してくれていると思う。

父はぼくの入院中に逝った。

「capriccioso」の項で、ナオズミとぼくのオシッコを呑んでしまった、オッチョコチヨイの話は、われわれの藝大時代のおもしろい話を考えていたとき、ふと思い出したのだった。彼とは一九六三年にN響と南米演奏旅行をしたときに偶然会ったきりだった。

あのとき、サンパウロのぼくの楽屋に彼は突然現れたのだった。七百キロも車をとばして、オマエの音楽会に駆けつけたんだと大声を出した。

「朝起きてなぁ、見まわすと三百六十度真っ平らの地平線だ。いい気分だぞぉ」

離島で音楽普及に夢中になったり、絵描きの女性の亭主として飲み屋をやったあと、夢多きコイツは、ブラジルのど真ん中の日本人移民村で子供たちに音楽を教えていたのだった。演奏会のあと、でっかいステーキをおごってくれた。

十六年前のある夜、彼のことを書いた章のゲラを直しているときに、秘書から電話があった。金沢の知人から彼が亡くなったという知らせがあった、ということだった。

われわれのオシッコを飲んだオッチョコチョイは、目を覚ましてウーンと伸びをした瞬間に脳の血管が破れ、三時間後にあの世へ行ってしまったのだそうだ。

しかし、なぜ金沢からの知らせなのだろう。何日かして、秘書からはがきが転送されてきて合点がいった。

「サンパウロで会ったのは30台（原文ママ）だったと思うが、早いものでもう50台（原文ママ）も半ばだ。あれから俺は14年間ブラジルで暮らし、ミラノに1年いて帰郷した。体を悪くしたこともあったが、年老いた両親も気にかかり、そうして、一応長男の責任を果たした。風の便りで君は石川県でも仕事をすると聞いたが、嬉しいことだ。11月に知事に会うそうだが、俺の家は小松空港に近いから、少しでも時間が空いたら、久しぶりに会いたいものだ。勿論泊ってもいい。

何しろ一度電話をくれ給え。

金沢に少年時代に住んだことがあると学生時代に云っていたが、君はこちらに縁があるようだな。

ともかくハガキでも電話でもくれ給え。では。」

まるで夏目漱石の小説にでも出てきそうな文面である。

当時、ぼくは手術が終わった後、北陸で初めてのプロ・オーケストラを金沢に発足させる計画を練っていた。金沢は母が生まれた街だし、空襲で焼け出され、命からがらたどり着いたところでもある。旧制の一中にぼくは二学期間在学した。しかも、ナオズミとぼくを日比谷公会堂の客席中追っかけ回した延命さんが、N響を引退してお父さんのあとを継いで石川県に帰っていた。

「加賀文化の栄えた金沢になぜオーケストラがないの？　恥ずかしくないかい？」

ぼくは延命さんにさんざんからんだのだった。それが実って新オーケストラの相談役を引き受け、県知事と公式会談をすることになっていた。はがきをくれた友人は、どこかでこのニュースを知ったのだろう。消印は一九八七年九月二十日で、このはがきを投函した次の朝、彼は死んだのだった。会いたかった。生きていれば、ぼくに「酔っぱらいの用心棒」とだけ書かれたわけである。きっと怒鳴り込んできただろう。

彼は藝大同級の、中出良一《なかでりよういち》である。

ぼくの退院後、予定どおり、日本で初の室内オーケストラが石川県に誕生した。オーケストラ・アンサンブル金沢である。

そのころ、渡邉先生と電話でお話しした。先生の誕生日に、昔の「森のうた」のようにわれわれがワイワイ騒ごう、ということになった。先生は最初の手術をされていたのだが、退院はぼくより早かった。しかし、約束の直前に先生は再入院され、実現しなかった。一九八九年の夏、ぼくは軽井沢で先生と食事をご一緒したが、ナオズミは同席できなかった。一九九〇年、この本を朝日文庫にするための校正の最中に、先生はお亡くなりになった。昔からわれわれ二人に「アケちゃんと言ってよ」とおっしゃっていたが、ついにそう言えないままだった。

二〇〇三年六月

岩城宏之

解説

林　光

こんなに面白い本が十五年以上も前に出ていたなんて、この〈解説〉を頼まれるまですっかり忘れていた。覚えていてときどき読みなおせばよかった。損したような気持ちである。

『森のうた』は、指揮者になりたくて、というより一日も早くオーケストラの指揮をしたくて仕方がないふたりの音楽学生が、涙ぐましい、けれども同時に抱腹絶倒の修業と試行錯誤をくりかえしつづけて、ついに目的を達するという物語だ。

と、こうくればドイツ文学でいうところのビルドゥングスロマンというジャンルが思い浮かぶ。これを習慣どおり〈教養小説〉と訳してもなんのことやらわからない。〈生い立ち小説〉とかりに呼んでおくが、岩城のこの本こそまさに滅法《めっぽう》面白い生い立ち小説である。生い立ち小説の本家本元にゲーテの『ヴィルヘルム・マイスターの修業時代』というのがあるが、この本はいわば「イワキとナオズミの修業時代」である。

むろん岩城はそんなしちめんどうくさい題はつけない。物語のクライマックスで演奏される、ふたりの悲願の達成であったコンサートの曲目のひとつ、ショスタコーヴィチの「森の歌」にちなみ、それへふたりの青春の舞台である東京藝術大学一帯の古くからの美称である「上野の杜《もり》」を重ね合わせた、じつに心にくい名乗りである。

ところで読者のみなさんは、これってぜんぶほんとうのこと？　という疑問をいだかれないだろうか。いだくであろうね。さてなんと言ったらいいだろうか。じつはこの本は、岩城の天才的な筆力の産物なのだが、それにはひとつのルーツがある。〈ガクタイ小噺《こばなし》〉の伝統がそれだ。ガクタイとは音楽家とりわけオーケストラ奏者を指す古い呼び名で、他人が使えば蔑称《べっしょう》だが自分たちで使えばときには誇らしさの表現にもなる。その、かつては無頼《ぶらい》の民であったガクタイたちの珍談奇談失敗談のたぐい、つまりプロ野球ニュースでいえば好プレイ珍プレイの珍のほうが口コミで言い伝えられてきたのが〈ガクタイ小噺〉なのだ。〈新世界〉交響曲にただ一箇所あるシンバルの一撃のために出演料はもちろんのこと、旅費宿泊費も向こうもちで広島まで行ったエキストラ奏者が、本番でアガッてなんにもしないで帰ってきたとか、指揮者がベートーヴェンの「第五」だとばかり思ってエイヤッと振り下ろしたら、静かに「第六」がはじまった（これはぼくの師匠の尾高尚忠の実話）とか。

で、そのようなハナシが口伝えで広まってゆくあいだには、どうしたって効果をねらって途中を飛ばしたり二つのハナシをひとつにまとめたり、ということは起こる。世界中の民話や伝説は、そのようにしてかたちを整えてきたのだもの。『森のうた』にそういう部分がまったくないわけではないだろうと、ぼくは推察する。けれどもそれはいわば枝葉末節《しようまっせつ》に限ってのこと。

イワキやナオズミ、それにワキ役として登場する、いくらかトッチャン小僧ふうに描写が偏っていると思わないでもないぼく自身も含めて、ここには、おおよそ一九三一年から三二年生まれのクラシック音楽青年たちのふるまいの真実が描かれていると断言してもいい。

つまり、学校（藝大音楽学部）の建物には毎日通っても授業には出ないとか、学則なんか知らぬ顔で〈業界〉でせっせと演奏や作曲のバイトをしていたりとか、オペラや音楽会の本番や練習にはいつもモグッていたとか、そういったたぐいの〈生活〉のことである。

そういえば、音楽学部の教育体制の、なんとなくうっとうしい、そのくせ間がぬけた様子なんかもまったくそのとおりで、そのおかげでぼくたちは〈学校〉を、学校側が到底思いつかないようなかけがえのない修業の場、仲間と出会う場としてせいいっぱい利用させてもらったように思う。その部分でも岩城の筆は冴えている。

ぼくが感動するのは、たとえばアケちゃんこと渡邉曉雄さんについての記述で、この、決して指揮者として器用ではない、けれども技術なんかを越えた音楽の根本的なところを身につけていた紳士が、ふたりの才能と人物を愛し、いざというときには護《まも》ってくれようとする、そのすがたが躍っている。それでも岩城は、アケちゃんが「ラ・ヴィ・アン・ローズ」をヴァイオリンで弾いたときにナオズミがとっさに投げつけた感想、「先生、すげえヴィブラートだなあ。ものすごくうたいますね。どうして指揮するときにこうならないんですか」のひとことをつけ加えるのを忘れない。

ここでは、岩城はナオズミの口をかりているが、もうひとりの指揮の先生、齋藤秀雄さんに対しては、岩城はじぶんの言葉で批評する。

少し長いが引用しよう。

「齋藤理論」は、生まれながらにしてすばらしい指揮をしている人たちの動きを、分析して組み立てたわけである。

もしかしたら、先生は、恐しく不器用だったのではないか。だから理論づけしようとした。

この理論を実践すれば、生まれつき指揮者としての才能を全く持っていない人でも、一応の指揮ができるようになる、というスゴさがある。

この記述には、齋藤〈先生〉および齋藤理論の教えを受けた指揮者へのかなり辛辣《しんらつ》な批評がこめられていると、ぼくは読む。むろん、そうでなく読むことも可能であるが。

ことわっておくが、岩城のこのような指摘は、まずかれ自身が学んだ齋藤〈理論〉の完璧な把握が前提になっていることはもちろんだ。二ページ前にある齋藤〈理論〉の極意の一つ「タタキ」についてのみごとな説明を読めばそれがわかる。

音楽についてことばで語るのは、じつはそう簡単ではない。ヘンに難しくなったり、嚙《か》みくだきすぎてウソになったり……。そうそれから、ある種のノンフィクションライター氏の〈作品〉みたいに、集めすぎた素材がひとり歩きして（ちゃんと歩かせることができないで）信用度を落としたり。

岩城の記述は明快である。「タタキ」の記述もそうだが、終盤の一九二ページ、ナオズミの〈かまえ〉からはじまる「森の歌」の演奏場面は圧巻だ。

ピアノなのに緊張のあまりフォルティッシモを予告してしまうナオズミの〈かまえ〉が発する「一種の放射能」の描写からはじまるのだが、汗と感動についてだけ語られるのではない。なんともご都合主義のショスタコーヴィチのごますりが、「最初の六小節間、半音が一つもないほどの」わざとらしいハ長調オンガクが書かれていて、にもかかわらずそのきもち良さに「歌うほうも、聴くほうも」ついのってしまう音楽の不思議。ナオズミの速い三拍子の「ワルツ叩き」のみごとさから思い出す、ふたりの「指揮法」をめぐる研究のあれこれ。限りなく「原曲の音楽のアクセントを壊してしまう」日本語訳詞で歌うということの、いまだに解決のつかない厄介さ。話題はどんどん枝わかれをしながら全体はショスタコーヴィチのオラトリオの、そしてこの日、起こって消えていった一回きりの演奏の、文章によるみごとな再現になっている。

岩城は、ナオズミとの出会いからここまで、「森のうた」の物語の全体を、「森の歌」演奏場面のなかでもういちど要約しているかのようだ。

去年の六月、ナオズミは突然逝《い》ってしまった。ひと月ほど経《た》って、探しものをしていたぼくは、変色しかかっている五線紙の山のなかから、ナオズミの自筆譜を見つけた。ピアノ連弾のための「小ロンド」で、一ページめの肩のところに一九四四年六月十八日作曲・一九四六年改訂とある。学童疎開と敗戦で別れわかれになっていたナオズミと再会した一九四六年、つまり〈改訂〉の年、ナオズミがぼくの家へ持参して、ふたりでさんざん弾いて遊んで、そのまま忘れて置いていったものだ。

いま改めて楽譜を読みなおしておどろく。あの時代の十二歳の少年が、耳で感じた西洋音楽の技法を、こんなに自在に、しかも楽器を生かして、弾くよろこびも十分に、自分の表現にしていたのか。この作曲少年はいまにどんな作曲家になるのだろうと、誰もが思うナオズミは、数年後〈上野の杜〉で岩城と出会い、「森のうた」の物語がはじまるのだ。

（はやし・ひかる　作曲家）

＊本解説は講談社文庫版の解説を再録したものです。

解説

池辺晋一郎

ジェネレーション（世代）を区切る方法はいろいろあるが、太平洋戦争による激動の体験の有無が、その区切りかたのひとつになることはまちがいないだろう。音楽界においてもしかり。一九二五〜三五年あたりに生を受け、青春が戦争のただ中にあった世代が、戦後には斯界で中心的な位置を占めることになる。

僕は、その次の世代である。とはいえ、すぐ上の世代の方々と深い関わりを持ちながら学び、そして仕事をしてきた。自分が属する世代の長兄といっていいはずなのだが、感覚的にはむしろ上の世代の末弟という思いだ。そして、本書『森のうた』の主人公＝岩城宏之さんと山本直純さんこそ、最も親しかった「兄貴分」にほかならない。

岩城さん、ナオズミさん（本文にしたがって片仮名にする）ともに、僕の同窓の先輩である。しかも、その東京藝大が、旧学制の「東京音楽学校」であったころの先達は、あまりに時を経るために先輩という実感が薄いが、このお二人にはある程度肉薄できる感じがするわけ。これは、文中に登場機会が多い林光さんについても同様だ。

僕の東京藝大時代は、鉄筋コンクリートの新館ができて間もないころで、器楽声楽の個人レッスンはだいたいそこだったが、和声学やソルフェージュ、音楽美学などのいわゆる一般授業が行《おこな》われるのは、依然として明治期から残る木造校舎だった。奏楽堂もそこに含まれていた。床が抜けるかもしれない奏楽堂に大勢の聴衆がつめかけた話が本文に出てくるが、幸いにして抜けなかった床は僕たちのころまでかろうじて健在だった。パイプオルガンも備えられていたが、これは音律がおかしくなったままで、そこで聴いたフォーレの「レクイエム」の惨憺たる響きは、忘れたいのにもかかわらず、今も耳の奥に残っている。

そしてお二人の恩師＝渡邉曉雄先生。新任時代の話だが、僕のころは、押しも押されもせぬ大御所。本文では「アケちゃん」、僕のころは「アケ先生」だ。作曲科学生である僕は「副科」としてアケ先生の薫陶を受けた。二年間の履修で足りるところ、単位にもならないのに、一年余計に受けた。楽しかったからである。さらに、親友である指揮科学生の、アケ先生レッスンの「オケ・ピアノ」まで担当していた。毎度のレッスンに実際のオーケストラを使うわけにいかないから、オーケストラに見立てたピアノで代用するのである。静かで上品なその物腰は本文の時代と同じだったが、打ち合わせでお宅へうかがった折の「キミ、何か匂わない？」「え、何ですか？」「きょう僕、シジュウクサイ（四十九歳）になったの」なんてジョークは、四十六ページと変わりなし。卒業後も僕は「交響曲第一番」「同第二番」、長尺のバレエ曲などを初演してもらい、アケ先生にはお世話になりっぱなしだった。

「藝術祭」と称する大学祭のメチャクチャも、本文時代と同じだ。「ＶＩＶＯ」ほか各科が開く模擬店の名も、三日間ひたすら飲み、騒ぎつづけることも、同じ。その顛末を書いたら、この稿が解説でなくなってしまうからやめておくが、お二人の時代も僕の時代も、同じ酔いかた、同じ暴れかただったことが、本書で明らかになった。

音楽学部の食堂「キャッスル」も、そこの「レモネード」も、同じだ。――もしあなたがキャッスルを訪れたら、知り合いが一人もいなくても、それぞれが何科の学生かわかるだろう。楽器ケースを大切そうに抱えて青白い顔をしているのは弦。紅茶一杯でくだらないおしゃべりを延々としているのは声楽。酒を飲んでもいないのに高歌《こうか》放吟《ほうぎん》は金管。隅のほうでヨレヨレのレインコートでつまらん議論をしているのは作曲科――という文章を僕は書いたことがある。まるでそこに岩城・ナオズミご両人が座っているかのようではないか。

音楽映画の話も出てくる。ストコフスキーの宣伝映画だと岩城さんが断じる「オーケストラの少女」は、僕の時代へ継続していた。フランツ・リストの大恋愛を描く「わが恋は終りぬ」では、リストを演じるダーク・ボガードとヴィトゲンシュタイン公妃キャロラインを演じるキャプシーヌに夢中になり、ナチに追われるトラップ一家の話「菩提樹《ぼだいじゅ》」（のちにミュージカル「サウンド・オブ・ミュージック」になる）のルート・ロイヴェリクにはまり、ほかにも「ベニイ・グッドマン物語」や「5つの銅貨」を繰り返し見た。岩城・ナオズミさんの青春を、そのままなぞったかのようだ。

ただでコンサートに潜りこむエピソードの数々。僕のころも、これは完全に継承されていた。たとえば東京文化会館。Aは切符を持っている友人Bと行き、Bはいったん正式に入場してから、係に半券を見せて館内のレストラン「精養軒」に入る。この時Bは、すでに入っていた別な友Cから半券を一枚預かっている。精養軒で待つAは、Cの半券を受け取り、係に見せて館内に入り、空いた席を見つけ、何食わぬ顔ですわり、聴くという寸法。また、同じ建物にある「小ホール」へは、楽屋口からエレベーターでステージ裏へ直行できるのだが、そのロビーには小と大ホールをつなぐドアがあり、たいていそこはロックされてないのだった。おわかりだろうが、しごく簡単。小ホール経由で、大ホールのオーケストラ・コンサートへ潜りこむ。今の学生はノンポリはもちろん、極めておとなしいから、こんなことは想像もつかないだろう。

そして、ジャン・マルティノン！　ここまでの話は、つまるところ僕が「上の世代」の末弟であることの証明のつもりだったのだが、ここへ来て、それは頂点に至る。僕は、東京藝大一年の時、N響を振るマルティノンを聴いているのだ。資料によれば、マルティノンの来日は、N響に一九五三年と六三年、日フィルに七〇年の三回の由。僕は六三年に藝大に入っているので、まちがいなく二度めの来日だが、切符を買う金などあるわけがない。藝大で師匠（おそらく矢代秋雄先生）のところに来た招待券をもらって、下校途中で寄った東京文化会館だった。「本人に限る」なんていう昨今の招待券ではない。よき時代だった。当然、いい席である。曲はストラヴィンスキー「春の祭典」。冒頭の高音域のファゴット・ソロを奏者（特に名を秘す）がとちり、ゴチャゴチャになったが、なんとか持ち直し、演奏は最後までつづけられた。終わって、指揮者はソロ奏者を立たせる。ファゴットが立った。万雷の拍手。いちばん拍手をしているのはオーケストラ・メンバーで、有名なホルンのC氏なんて、大笑いでのけぞりながら手を叩いている。こんなことしていいのかなぁ……と何も知らない僕は目を丸くしているだけだった。

というように、全ページに僕自身の思い出が重なり、だぶってくる。繰り返すが、僕が上世代の末弟たる所以だ。ところで、お二人以外の登場人物の筆頭・林光さんは同業の大先達だが、八〇年代半ば以降「隣組」だった。すなわち、同じマンションで一軒置いた隣。おかずを交換しあう関係だ。光さんについてのエピソードは、とうてい書き尽くせない。別な機会に譲ることにしよう。

ナオズミさんにオーケストラ曲を初演してもらったこともあるが、長いあいだ、弟である直親さん（ファゴット）や直喜さん（打楽器）、夫人の正美さん、ご子息の純ノ介さん（作曲家）、祐ノ介さん（チェロ）……と一族にお世話になった。これは一九八四年、ＮＨＫの通称朝ドラ（朝の連続テレビ小説）「ロマンス」の音楽をナオズミさんが担当し、僕は翌年の「澪《みお》つくし」をやることになっていたころのこと。「毎週毎週作曲するのは大変でしょう？」と僕が言ったところ、ナオズミさんは――翌週の打ち合わせをしたら、ＮＨＫ内の部屋を三時間くらい借りて、全部作曲しちゃうんだ。これには仰天。三〜四十曲あるんですよ。多くの場合、一週間をかけて仕事をし、作曲家はかなり消耗するのに。まったく意に介さない人なのだ。世田谷区が毎年開催していた詩人と作曲家による歌曲コンサートは、林光さんが司会だった。ナオズミさんは愛犬も一緒に、毎回ステージを席巻。「区の」というより「ナオズミさんの」コンサートになってしまうのだった。

岩城さんについての思い出も尽きない。何しろ「初演魔」。拙作も、何曲お世話になったことか……。ある時、これは岩城さんが設立した「オーケストラ・アンサンブル金沢（ＯＥＫ）」委嘱の作品だった。のちにフランチャイズとなる響きのいいホールが金沢にできる前のこと。テンポが僕の指定より速い。それを言うと「わかってる！　だが、響かないから、つい先へ行っちゃうんだ」と。翌日、近県に落成したばかりの響きのいいホールで演奏。今度は、遅い。「響きがいいから、つい聴いちゃうんだ」

音楽のテンポは、生きもの。ホールの壁や座席の材質、客席の埋まり具合、気温、湿度……あらゆる要素と相俟って、決まる。楽譜の指定通りだから正しいという問題ではない。音楽にとって本質的なことを、この時僕は教えられ、同時に岩城宏之という人がいかにすごい音楽家か、ということも併せ、あらためて知ったのだった。反面、こんなこともあった——ＯＥＫの演奏旅行で、岩城さんと僕は小さな港の待合室の壁によりかかって話をしていた。と、岩城さん「おい、誰もボクに気がつかないな。この辺の文化度がわかるな」

僕が何と応じたか、記憶がない。岩城さんを知らない人なら「不遜な……とんでもない奴だ」と思うかもしれない。しかし、ちがう。信じられないほど、無邪気なのだ。感じたことはすべて、言葉になって出てしまうのだ。

実に、稀有な人間だった。ナオズミさんもしかり、である。のびのびと、縦横無尽に青春を駆け抜けたこの二人の大先達を、末弟として誇りに感じ、謹んで解説を書かせてもらった次第である。

（いけべ・しんいちろう　作曲家）

本書は一九八七年朝日新聞社から刊行され、一九九〇年朝日文庫、二〇〇三年講談社文庫に収められました。本文中、今日からみれば不適切と思われる表現がありますが、書かれた時代背景と作品価値とに鑑み、そのままとしました。

森《もり》のうた
山本直純《やまもとなおずみ》との藝大青春記《げいだいせいしゅんき》

二〇二二年 二 月一〇日 初版印刷
二〇二二年 二 月二〇日 初版発行

著 者 岩城宏之《いわきひろゆき》
発行者 小野寺優
発行所 株式会社河出書房新社
〒一五一―〇〇五一
東京都渋谷区千駄ヶ谷二―三二―二
電話〇三―三四〇四―八六一一（編集）
〇三―三四〇四―一二〇一（営業）
https://www.kawade.co.jp/

ロゴ・表紙デザイン 粟津潔
本文フォーマット 佐々木暁
印刷・製本 中央精版印刷株式会社

Printed in Japan ISBN978-4-309-41873-5

グレン・グールド

吉田秀和　41683-0

評価の低かったグールドの意義と魅力を定め広めた貢献者の、グールド論集。『ゴルトベルク』に始まるバッハの他、モーツァルト、ベートーヴェンなど、多角的に論じる文庫オリジナル。

バッハ

吉田秀和　41669-4

バッハについて書かれたさまざまな文章を一冊に集める。マタイ受難曲、ロ短調ミサ曲、管弦楽組曲、平均律クラヴィーア、ゴルトベルク、無伴奏チェロ……。リヒターからグールドまで。

カラヤン

吉田秀和　41696-0

今こそカラヤンとは何だったか、冷静に語る時。適任はこの人をおいていない。カラヤンの、ベートーヴェン、モーツァルト、ワーグナー、オペラ、ブルックナー、ドビュッシー、新ウィーン学派……。

フルトヴェングラー

吉田秀和　41119-4

フルトヴェングラー生誕百二十五年。吉田秀和が最も傾倒した指揮者に関する文章を初めて一冊に収攬。死の前年のパリの実演の印象から、シュナイダーハンとのヴァイオリン協奏曲まで。

ブラームス

吉田秀和　41723-3

ブラームスの音楽の本質・魅力を、ブラームスの人間像も含めて解き明かす。交響曲、協奏曲、ピアノソロ、室内楽等々、幾多の名曲と名演奏を味わう、ブラームス鑑賞の決定版。文庫オリジナル。

クライバー、チェリビダッケ、バーンスタイン

吉田秀和　41735-6

クライバーの優雅、チェリビダッケの細密、バーンスタインの情動。ポスト・カラヤン世代をそれぞれに代表する、３人の大指揮者の名曲名演奏のすべて。

ベートーヴェン

吉田秀和　41741-7

「ベートーヴェンの音って？」から、ソナタ、協奏曲、交響曲について、さまざまな指揮者、演奏家の解釈を通じて、ベートーヴェンとは何かを味わう。文庫オリジナル編集。

中世音楽の精神史

金澤正剛　41352-5

祈りの表現から誕生・発展したポリフォニー音楽、聖歌伝播のために進められた理論構築と音楽教育、楽譜の創造……キリスト教と密接に結び付きながら発展してきた中世音楽の謎に迫る。

西洋音楽史

パウル・ベッカー　河上徹太郎〔訳〕　46365-0

ギリシャ時代から二十世紀まで、雄大なる歴史を描き出した音楽史の名著。「形式」と「変容」を二大キーワードとして展開する議論は、今なお画期的かつ新鮮。クラシックファン必携の一冊。

私のモーツァルト

吉田秀和　41809-4

吉田秀和がもっとも敬愛した作曲家に関するエッセイ集成。既刊のモーツァルトに関する本には未収録のものばかり。モーツァルト生誕230年記念。長文の「私が音楽できいているもの」は全集以外初収録。

ホロヴィッツと巨匠たち

吉田秀和　41714-1

圧倒的な技巧派・ホロヴィッツの晩年公演を「ひびの入った骨董品」と称し名声を高めた吉田秀和。他、著者が愛した名ピアニスト３人――ルービンシュタイン、リヒテル、ミケランジェリに関する一冊。

「声」の資本主義　電話・ラジオ・蓄音機の社会史

吉見俊哉　41152-1

「声」を複製し消費する社会の中で、音響メディアはいかに形づくられ、また同時に、人々の身体感覚はいかに変容していったのか――草創期のメディア状況を活写し、聴覚文化研究の端緒を開いた先駆的名著。

ヒップホップ・ドリーム

漢 a.k.a. GAMI　41695-3

マイク１本で頂点を競うヒップホップの精神とそれを裏切るシーンの陰惨なる現実。日本語ラップを牽引するラッパーが描く自伝的「ヒップホップ哲学」に増補を加え、待望の文庫化！

お楽しみはこれもなのじゃ

みなもと太郎　41854-4

ギャグ大河漫画『風雲児たち』の作者にして天下無比の漫画研究家、みなもと太郎による伝説の漫画エッセイ集。膨大な作品をとりあげながら、漫画の魅力をイラストとともに語る、漫画史に輝く名著。

妖怪になりたい

水木しげる　40694-7

ひとりだけ落第したのはなぜだったのか？　生まれ変わりは本当なのか？　そしてつげ義春や池上遼一とはいつ出会ったのか？　深くて魅力的な水木しげるのエッセイを集成したファン待望の一冊。

なまけものになりたい

水木しげる　40695-4

なまけものは人間の至高のすがた。浮世のことを語っても、この世の煩わしさから解き放ってくれる摩訶不思議な水木しげるの散文の世界。『妖怪になりたい』に続く幻のエッセイ集成。水木版マンガの書き方も収録。

その日の墨

篠田桃紅　41335-8

筆との出会い、墨との出会い。戦争中の疎開先での暮らしから、戦後の療養生活を経て、墨から始めて国際的抽象美術家に至る、代表作となった半生の記。

小説の聖典《バイブル》　漫談で読む文学入門

いとうせいこう×奥泉光＋渡部直己　41186-6

読んでもおもしろい、書いてもおもしろい。不思議な小説の魅力を作家二人が漫談スタイルでボケてツッコむ！　笑って泣いて、読んで書いて。そこに小説がある限り……。

河出文庫

魯山人の真髄

北大路魯山人　41393-8

料理、陶芸、書道、花道、絵画……さまざまな領域に個性を発揮した怪物・魯山人。生きること自体の活力を覚醒させた魅力に溢れる、文庫未収録の各種の名エッセイ。

早起きのブレックファースト

堀井和子　41234-4

一日をすっきりとはじめるための朝食、そのテーブルをひき立てる銀のポットやガラスの器、旅先での骨董ハンティング…大好きなものたちが日常を豊かな時間に変える極上のイラスト&フォトエッセイ。

香港世界

山口文憲　41836-0

今は失われた、唯一無二の自由都市の姿――市場や庶民の食、象徴ともいえるスターフェリー、映画などの娯楽から死生観まで。知られざる香港の街と人を描き個人旅行者のバイブルとなった旅エッセイの名著。

わたしのごちそう365

寿木けい　41779-0

Twitter人気アカウント「きょうの140字ごはん」初の著書が待望の文庫化。新レシピとエッセイも加わり、生まれ変わります。シンプルで簡単なのに何度も作りたくなるレシピが詰まっています。

巴里の空の下オムレツのにおいは流れる

石井好子　41093-7

下宿先のマダムが作ったバタたっぷりのオムレツ、レビュの仕事仲間と夜食に食べた熱々のグラティネ――一九五〇年代のパリ暮らしと思い出深い料理の数々を軽やかに歌うように綴った、料理エッセイの元祖。

東京の空の下オムレツのにおいは流れる

石井好子　41099-9

ベストセラーとなった『巴里の空の下オムレツのにおいは流れる』の姉妹篇。大切な家族や友人との食卓、旅などについて、ユーモラスに、洒落っ気たっぷりに描く。

著訳者名の後の数字はISBNコードです。頭に「978-4-309」を付け、お近くの書店にてご注文下さい。